世界疯了

超越单位潜规则

马丁·韦尔勒/Martin Wehrle◎著

赵泓 申翔◎译

Ich arbeite in einem
Irrenhaus

中国致公出版社

图书在版编目（CIP）数据

世界疯了 /（德）韦尔勒（Wehrle, M.）著；赵泓，申翔译.—北京：中国致公
出版社，2012.7
ISBN 978-7-5145-0365-4

Ⅰ.①世… Ⅱ.①韦… ②赵…③申… Ⅲ.①企业管理—研究—德国 Ⅳ.①F279.516.3

中国版本图书馆 CIP 数据核字（2012）第 160168 号

Martin Wehrle
Ich arbeite in einem Irrenhaus
© by Ullstein Buchverlag GmbH, Berlin, Published in 2011 by Econ Verlag

世界疯了　　　　　【德】韦尔勒 著；赵泓　　申翔 译

出 版 人：刘伟见
编辑统筹：高立志
责任编辑：裘挹红
责任印制：王秀菊

出版发行：中国致公出版社
地　　址：北京市海淀区牡丹园北里甲 2 号　　邮编　　100191
电　　话：010-82259658（总编室）　　62082811（编辑部）
　　　　　010-66168543（发行部）
经　　销：全国新华书店
印　　刷：北京温林源印刷有限公司
开　　本：700 毫米×980 毫米　　1/16
印　　张：15.25
字　　数：197 千字
版　　次：2013 年 1 月第 1 版　　2013 年 1 月第 1 次印刷
京权图字：01-2012-J830

定　　价：38.00 元

目　录

第一部分

众傻云集的笼子

引　言

疯狂的足迹

　　凡是德国公司能解决的事，他们解决得总是很彻底。他们的工作是公认的精确：纤毫入微；他们的守时堪称传奇：分秒不差。他们在诚信上不断获得加分，以至于一个在银行做事的柜台男，也会被客户看作"柜台官"，即便他并不在政府当差，而只是为一个现代金融赌帮打打下手而已。

　　不过值得注意的是，离德国越远的地方，德国公司的名声会越好，特别是在非欧洲地区。谁若是在亚洲提到一个世界级别的德国公司的名字，听众必会眼睛一亮。而在德国，这或许会让您的谈话伙伴不耐烦，因为他没准就是这个公司的职员，深知公司底细。

　　当职员们抖出内幕的时候，德国企业的门面就会轰然倒塌。那些有着犹如质量验讫章的商号、表面非常可信的公司，会现出他们狼狈的原形：要么是无能之辈、败家子，要么是一群可笑的乌合之众。理智，被拦在公司大门之外，而疯狂，却总是手持通行证被放行。

　　我是如何得出这个结论的呢？我是一个职场顾问。来我这儿咨询的人，都希望可以毫无顾忌地谈论他们的公司——现状、弊端和黑幕，诉说他们平日里本该咆哮却不得不强咽的怨气，那些他们看到了却不应看到的事儿——所有的这些不可思议，他们都会在咨询过程中发泄出来。由此便生成了一幅不经粉饰的公司画像，一幅令任何广告公司都毛骨悚然的内观图。

　　我常常在想："德国公司真的太疯狂了！应该把这些公之于众。"所以，是时候出这样一本书了！在这里，我收集了职员们的令人毛发直立的经历，向大家展示了在企业宣传手册里绝对看不到的另一面：大内景观。

如果你一直以来都以为，只有你所在的公司是一个疯狂公司，那么在这里你会不相信自己的眼睛。其实大部分企业都有两面性：一面是他们所要塑造的公众形象，一面是内在的真实情况。撇开宣传手册闪亮的伪装、经营报告的故作淡定以及高管们天花乱坠的吹词，许多公司内墙里上演的，其实是一场纯粹的疯狂闹剧。

这些公司并不忙于市场，而是沉迷于自恋：大集团犹如托儿所，中小型企业维护着它们的平庸，家族企业需要家庭治疗。由此领导成了误导，销售成了滞售，团队成了敌对。

公司里日日发作的这种墙内疯狂，只有那些职员们最清楚。他们所经历的公司，是一个不为人知的、众傻云集的笼子，是一个疯狂有限公司。据网络人才市场"阶石"的民意调查，百分之五十的职员为他们所在的公司感到"羞耻"。[1]

其实我们可以拿公司和饭馆作个比较。饭馆的大厅是顾客享受服务和恭维的地方，在那儿，侍应生彬彬有礼。但是真正的活儿却在幕后进行：厨房。外人不会知道，地上摔碎了多少盘子，多少炒锅又着了火。也不会有人知道，大厨是否将口水吐进了汤里。这个面孔，这个公司的真实面孔，是不会呈现在菜单上的，只有工作人员才会看到。

在厨房干活儿的人，身上总会带有饭菜的味道。而在疯狂公司工作的人，也难免会被疯狂所浸染。具体表现为：小的方面如工作人员从暴君老板身上学来的一些小怪癖，大的如某些灾难性的健康问题。德国在职人员的心理疾患人数从来都不曾像今天这么高过：2008年要比1990年翻了一番。个中原因无非是**过重的负担和过少的认同**。[2]

从前按部就班的企业，如今已经演变成精神病院。在这些封闭式的建筑里究竟发生了什么？"病号们"的指令是怎么来的？到底有哪些常见的条条框框？这些，我将为您一一深挖揭晓。

在本书的第一部分，我会为您介绍众傻云集的笼子以及疯狂公司潜规则。您将体验到超大号疯狂如何统治集团企业，遗传性疯狂如何毁灭中小型企业，以及不齿的真相如何被闪亮的公关谎言所掩盖。

在本书第二部分，您可以凭借"疯狂公司大测评"来检测您所在公司的疯狂真相。您还将获取摆脱这类疯狂的办法。另外，一个早期预警系统也会有助于您今后避免这类疯狂公司。

请做好阅读这本**疯狂**之书的准备。这同时也是一份灾难报告，来自一个名叫"企业"的危机领域。有的地方可能愚蠢得让您想哭，有的地方却又邪门得让您不得不笑。在这本书的每一页，您都很可能邂逅一位您的老朋友：您所在的单位。

1
批准成立疯狂有限责任公司

您肯定想知道，要在这里
长期干下去，您的皮还要长多厚！

职场新手总想知道:"这个公司是怎么运转的?"而职场老手却会问:"这个公司还在正常运转吗?"本章将为您揭秘:

- 疯狂公司之四大症状;
- 疯狂公司之发展阶段;
- 大公司抠门症如何导致员工闹饥荒;
- 为什么埃里希·昂纳克"一晚猎杀五鹿"并非完全偶然。

娶个公司做老婆

"我们认为……"当一个职员使用"我们"这个字眼时,您便可以肯定,他是替这个公司说话的。就像球迷提到他的俱乐部时会说"我们赢了",妈妈会对她的宝宝说"我们吃饭饭",职员也是这样和他的公司融为一体的。在说起他的公司时,他不再使用第三人称,不再带着距离感,而是代表着公司说话。公司就是他,他就是公司。

这样一来,就产生了一个小小的奇观:一个原本只有**一个**脑子的人,却顶着三千个脑袋(假设他的公司有三千名员工的话);他的年收入也从四万欧元飙升到了四十亿欧元(假设他的公司能赚这么多钱的话);他不再是张三,或是李四,他是巨人中的一分子:是戴姆勒,是微软,是保时捷。他也是以这样的身份出现在朋友中间的。

他意义重大。

在我的职业咨询生涯里,对"我们"这个词所带来的连环冲击效应,我是深有体会。一般刚入职五天的新人会说:"公司要引进新的产品!"可是两周后话就已经变成:"**我们的**产品有了新进展。"新员工迅速地融入了公司,就像一块方糖被扔进了热咖啡中。这世界上就没有什么可以消除这种融合,即便炒鱿鱼也不能。

我的一位客户曾是某化学巨头的经理，后来被公司用一笔补偿金打发走了。然而五年过去了，他还和从前那家公司亲密无间，不分彼此。他嘴上总挂着"我们的股票如何如何"，"我们的产品线如何如何"，就差没把自己被解雇说成是"我们的英明决策"了。

不久前我终于忍不住跟他聊起了这件事情："我注意到，您提起您以前公司的时候还是'我们''我们'的……"

"啊？是吗？我没觉得啊……"

"为什么还说'我们'呢？"

"我在那儿呆了15年，投入了太多，日久生情啊！"

"可是都5年过去了，您应该可以习惯您已离职这个现实了。"

"我是习惯了，可是对公司的感情吧，就像……"他迟疑着，盯着天花板好一会儿，就像是要从中找出一个恰当的词似的，然后他面露喜色，"就像对自己的孩子一样。"

"这话怎讲？"

"就像亲生的孩子永远都是自己的一样，即使孩子他妈离开了我，我再也见不着孩子了，可孩子也依旧是我的孩子。"

我不由得笑了："您是父亲，公司是儿子？您搞错辈分了吧？"

他吐了吐舌头："您别这么抠字眼嘛，我就是打个比方。当初我给公司上了不少项目，有的至今还在运作。"

事实的确如此，大部分员工并不把自己和公司之间的关系看作是干巴巴的利益关系，而是有一个情感的纽带。爱也好，恨也罢，几乎没有哪个人会以合同关系般的冷漠去对待他的公司。

虽然"娶个公司做老婆"是句玩笑话，但也有几分道理。首先，大部分人还是**热爱**自己的工作乃至老板的——至少在公司的疯狂把这份热爱消磨殆尽之前。其次，新员工娶的不只是一份工作，而是与之关联的整个公司大家庭——老板就像是这个家庭中强势的老丈人。第三，跟真正的婚姻一样，员工与公司这对伴侣也会随着时间的推移而越发相似。只不过变的不是公司，而是员工自己，他们使自己适应了公司罢了。

但在这个怪异的公司大家庭中，都奉行哪些规定呢？这些规定中哪些是（新）员工必须忍受的？又如何界定规定和癫狂呢？

比如您可以试着问问自己：

上司在年会上高调宣扬进修的重要性，而您的进修愿望却一再碰壁。这，正常吗？

您根据招聘广告去应聘的职位，其实两个月前就已经内定了。这，正常吗？

您所走的办事程序，您所参加的例会，其实都把您当摆设，重大决策早已在幕后敲定了。这，正常吗？

您的新上司把他的前任卓有成效的项目毙掉，只因为这个项目不是他带领干出来的。这，正常吗？

公司表面上高度提倡团队合作，但最终提拔的总是那些自私自利的人。这，正常吗？

公司的宣传手册上大肆宣扬客户服务，实际上却把整个客服部门弃如敝屣外包出去。这，正常吗？

股东们赚得盆满钵丰，公司却以资金紧张为由，停止招人、冻结工资、削减福利。这，正常吗？

是的，这一切都在德国公司持续上演，而且还屡见不鲜，广为流行。但若要问我这是否正常，不！这不**正常**，这是**疯狂**！

> **§1 疯狂公司规则：**新员工希望成为企业的一分子，企业却往往成为了他的一部分。

疯狂公司小标签

怎么才能很快识别出，您的公司是不是一家疯狂公司呢（详细测评参见第155页及之后的内容）？多年来，我留意到四项重要特征，其中至少有一项能命中目标。

1. 表里不一：此类公司不守信用，言行不一。它们给员工以及客户的许诺永远多于所能兑现的。它们坚持的原则并不适用，它们提出的要求无法实现。它们只崇尚唯一的道德标准：双重道德。有用即真理，有奶便是娘。此类公司是典型的面子工程专家，无懈可击的只有它们的外在形象。

2. 嗜财如命：此类公司毕生只追求一个"崇高"目标，那就是利润最大化。客户对于它们来说只是个钱袋子，一个银行账户；周边环境对于它们来说不过是可供掠夺的原材料；员工对于它们来说就像卫生纸一样用过就扔。人员及成本的削减更是肆无忌惮，这一点在那些奉行"金钱至上"的行为准则的集团公司里尤其突出。

3. 自私自利：此类公司更沉迷于自我，而非市场。它们制定流程，召开会议，自吹自擂。不是在内部重组后乱成一团，就是在预算紧缩后不知所措。员工们只会看老板脸色行事，客户的利益被抛诸脑后，无人问津。

4. 外行当家：此类公司是自作自受。它们不是来做生意的，只是图个开心。领导班子徒有虚名，各项决策草率出炉。经营只顾眼前，鼠目寸光。中小企业里尤其遍布这种不称职的疯狂典型。

您现在的公司正是如此吗？或者您之前供职的公司与此相似？您

案例：我供职于一家自吹自擂的公司

我们公司在自吹自擂方面一枝独秀。也许这对于广告公司来说不足为奇，但我们的确是最棒的。我们在业内的口碑非常好。何故？因为我们负责两家德国顶尖公司的业务。我们总是不放过每一次能炫耀这两家大客户名字的机会。

然而不为外人所知的却是（我也只是通过秘密渠道才了解到）：我们大肆吹嘘的那些订单，根本就不是什么真正意义上的订单，而是白送给客户的礼物。我们埋头撰写广告词，四处宣传推广，维护客户网站，到头来上司却签了张卖身契：辛苦了半天只能换回些零花钱，连塞牙缝都不够。作为回报，我们可以自豪地以这两家大公司的名字撑门面。

这两家大客户占用了我们大半劳力，却不能带来半点效益。而我们企图借此吸引客户的小算盘，打得也不是那么如意。其他的大集团，也就是那些我们真正急需的财神爷，显然在担心："他们肯定无法应付两个以上的大客户！"

我们过分的自我吹嘘，使自己失去了与其他大客户正常合作的机会，结果自绝了财路。这完全是癫狂症在发作，尤其是当我们收入枯竭的时候。员工的工资已经一拖再拖了，整个公司也已经有一半是靠实习生在支撑。这些实习生不知道，他们的"工作模式"其实与我们公司的完全相吻合：光干活，不拿钱。一切只为了简历上那光彩的一笔。

请您保密处理以上内容，修改一切名称以及其他可做身份识别的信息（作者按：此项要求也适用于本书其他所有案例）。

汤雅·克勒韦，广告文案撰稿人

一定相当好奇：这些不可思议的现象究竟是怎么在公司内滋生蔓延的呢？"成长的故事"马上为您娓娓道来。

> **§2 疯狂公司规则**：精神失常的人，被送进了疯人院。精神失常的员工，在疯狂公司工作。

成长的故事：公司如何疯狂成长

疯狂究竟从何而来？心理医生苦苦探索这个问题几百年。负责任的治疗师会对患者的不堪往事打破砂锅问到底，触其痛处，直至寻找到每种心理疾病的根源。谁要是从父亲那里获取过少的认同，或是从母亲那里得到过多的甘草糖，他们的精神都不可能正常！

遗憾的是，公司有个特点甚是麻烦：它们太庞大了，根本无法坐在沙发上与医生交谈。即便可以这样，这位"公司病人"也无法用**一个声音**说话。一家公司有多少员工就有多少张嘴，从公司创始人直至门卫都会七嘴八舌，搅得一切不得安宁。最终结果只会是严重的精神分裂症。

然而，公司的发展历程确实不无重要。对一个人来说，从出生到成人的这段社会化过程影响最为深远；而对于一个公司来说，创始阶段才最为重要。创始人的人格品质究竟起着什么样的作用？一个疯子想出来的东西，就必然会变成一种疯狂吗？

或者是他的生意头脑才决定一切？一家广告公司要想出疯狂的创意，难道自身不应当有一点儿疯狂吗？一家整日兜售锦囊妙计的企业咨询公司，本身却并不拥有智慧，这难道不会必然导致精神分裂吗？一家市场领先的公司，一再置竞争对手于死地，这难道不注定了它偏执狂想的个性吗？

不能不思量的是：疯狂公司的老板对员工的（精神）状况究竟会构

成怎样的影响呢？一位行为举止像疯猴的老板，有资格要求员工讲文明吗？还是说一旦领导的精神不正常，那么他的员工就一定跟着疯狂？

这些问题告诉您，为了识破疯狂，了解一下公司的成长周期，特别是从创立阶段到巩固发展阶段，一定会非常引人入胜。

企业文化分为四类，它们之间常常是相互渗透和关联的。[3]

1. 乡村文化

向我寻求咨询的大多数创业者都有一个通病：他们根本不知道什么是创业，他们想要发展壮大的生意点子不过是灵光乍现，他们并不知道该如何付诸行动。

创业这个话题在德国一直犹如恶疾一般讳莫如深。我们在学校学到的，至多是魏玛共和国是如何创立的而已。而企业家呢？天啊，人们联想到的，至今仍然是那些叼着雪茄、体态臃肿、靠吸人血过活的大资本家们。找一份固定的差事才是正经人应当走的路。[4]

许多创业者受益于一个勤奋助手：他们年少时的狂妄。那时，行动总是先于思考。比尔·盖茨的事业也是这样起步的：1975年，只有19岁的他在地下室的地板上捣鼓出了微软。年轻的优势是，如果创业者很快破产，那么他还有60年的时间去偿清债务。

而要是他的公司像火箭般起步呢？那样的话，没人会比他自己更诧异了，他会一直因震惊而目瞪口呆，直到越来越多的工作像雪崩一样将他掩埋。到那时，他得有双勤快的手，才能把他挖出来重见天日。

最早期的员工必须具有什么样的特质呢？我曾经与几位创始人一起拟定了一些必要的条件，最后却被我扔进了垃圾桶里，因为人们不可能用卡丁车来吸引F1赛车手，公司也不可能用空账户来吸引高素质人才。那些最廉价的求职者（大多是公司创始人的熟人）得到了这份工作，即便他们的工资说明了他们学历低、经验少，更糟糕的是智商低下。

这就为今后的疯狂撒下了种子。公司的创办人群体往往是一个没有能力的团队，可是偏偏创始人视这些最初的战友为特殊功臣。只要资金开始滚动，人事开始运作，对他们的升职晋封也就在所难免。

在乡村文化里大家彼此熟悉了解，决策之路咫尺之遥。一个员工在早餐后产生的想法，创始人在午饭前就批准了。出差申请只需这么一句："我飞一下苏黎世。"新职位的产生只因这么一句："我必须雇一个人！"加薪要求一般都在酒吧提出，具体说来是等老板喝醉以后。因为那时对他来说，"行"比"不行"（因少一个字而）更容易脱口而出。

许多部门由唯一的一个雇员组成。当我打电话给那些公司，要求和公司创始人说话时，我常听到这样的回答："他刚才还在这儿写好了一封信，现在正在去对面邮局的路上。之后他还要顺便去一下办公用品店。"公司村的每一位居民都知道其他人在干什么。这些信息就像乒乓球一样被传来传去。

创始人不仅是公司的最高领导，同时也兼任人事部、生产部、财会部和广告部的经理。他像一个村长一样统治着他的公司村，每天看着、说着、感受着他的员工，在他们的周围晃来晃去，聆听着所有的细节：哪里运行正常，哪里出现了问题。他从来没有想过要把这些内容记录成文。有必要吗？每个人都听得到啊。

创始人和他的员工们非常熟，他一下子就可以叫出他们的第二个名字，不用事先征求意见就可以在酒吧为员工要一杯他最喜欢的饮料。一些公司永远不会超过现今这个规模，这些小矮人公司会一直停留在小型或微型企业这一阶段。

其他公司则面临着一个巨大的问题：成功使其成长。

2. 丛林文化

更多的合同，更多的员工，更多的办事处，更多的混乱。之前一切都是那么一目了然，公司唯一的办公通道就是办公室的走廊。而现在，因为公司越来越大，组织结构明显跟不上。一个部门负责什么，以何种方式交流信息，有多大的决策权——这一切都没有任何规定。在乡村文化里，大家是在一起工作；而在丛林文化里，大家在工作中擦肩而过。

比如一个年轻的互联网公司因为公司的支出失控而急需一位核算人员。公司创始人从未想到过要发布招聘广告。他召集了他的手下，请求他们去物色这样一位员工。

这一请求很快就有了结果，不过是由**两个**员工以口头承诺的形式，各自请来了一位熟人。当两个人要坐同一张椅子时，大家才意识到这事儿出了乱子。此外，这两个人都不是会计专业的，只是受过培训而已。

混乱进一步在这家公司蔓延：如果一个员工早上没到岗，他会受到漫长的追查，以便查出他没来是因为……

a. ……度假？

b. ……生病？

c. ……猝死？

对于前两种情况，适用的原则是：该员工得自己去找一个替补。正式的办公程序，比如假期申请，就像DVD在中世纪晚期一样不为人所知；而当一个年轻人突然失踪，第三种情况（"他到底还活着吗？"）就成为了关注的话题。他的电话号码？没人手头有。他的邮寄地址？已经无效。 直到几周以后人们才获知：他跳槽到另一家公司去了。至于正式的辞职申请嘛，作为典型的丛林孩子，他认为没有必要。

混乱中唯一的秩序就是：公司被分成了两个社会阶层。上层社会，是那些从一开始就共同创业的元老们。他们处于最顶层，时至今日连薪水也是如此。下层社会，是所有那些错过了开头（而）后来才加入公司的人。他们被看作是新人，是那些开国元勋的勤杂工。

如果公司有足够的钱，就可以聘请一流的员工。只是那些领导座椅里早已坐着悠闲自得的开国元老们。业余选手领导着高素质的专业人员，这就像一个地区级俱乐部在晋级德甲后，依然派遣原先的业余选手上场，而期间聘请来的专业选手却被排挤到第二梯队。

这个由创始人领导的开国元老俱乐部，彼此非常团结一致。所有的决定，除了购买卷笔刀这样的问题之外，都会由元老们内部商议而定。最受欢迎的商议时间是下班以后，比如在酒吧里。新来的员工们都感到很绝望。他们本以为是讲究办事程序的地方，却什么都没有。

创始人呢？他还是希望一如既往地像村长一样统治着公司。但他的日程安排得满满当当，他的电话铃声响个不停，他的信箱更像是一个垃圾填埋场。他已经处理不了工作了——是工作在处理他。重要的事情都被堵截在半路上：员工得不到面谈的机会，会议被取消，客户的问题得不到答复。

丛林遮蔽了成功，情况变得危险起来。

案例：当我站在大门紧闭的公司面前

事情发生的时候，正是我们公司从15人渐渐扩大到60人的时候。那天是我度假三周后回来上班的第一天。我大步朝公司的大门走去，却吃了闭门羹：大门是锁着的。为什么呢，已经八点了啊。第一批员工一般都是七点就已经开始工作的。

我按了按门铃，什么也没有发生。我看着大楼，没有任何动静。我等待其他同事，但没有任何人到来。

该死的，这是怎么回事？难道老板在我度假期间破产了吗？难道没有人觉得有必要通知我吗？一想起我在过去几个月里所经历的种种混乱，我对这种事也不再感到惊讶了。

五分钟后，一位也是刚休完年假回来的同事加入了我的行列。我们都没有楼房的钥匙—当然也都不知道发生了什么事情。

怎么办？我用手机打电话给同事。当他接电话时，我听到背景有欢快的啤酒帐篷音乐。"我们正坐在巴士车里，"他讲道，"没有人告诉你们今天公司搞郊游活动吗？"

> 这次活动是公司在很短的时间里定下来的。他们只是忘了，还有两个同事在度假。我们没有人事部门，这些工作都是完全不堪重负的女秘书在兼职做。
>
> 不能参加郊游的感觉真的很愚蠢，没有员工在这次郊游中走丢也算是一个奇迹。那种事情倒是和这个混乱公司很相称。
>
> 亚历山大·德雷姆勒，项目经理

3. 城市文化

如果损失显而易见，如果账单开不出来、工资被拖欠、税收未支付，如果元老们被逼到发狂、流泪，或像替罪羊一样被驱逐，那么总有一天，人们在混乱中会意识到："我们需要规则！"

那时往往还不清楚员工的任务实际是什么（缺乏职位介绍），谁有资格享受什么样的待遇（缺乏薪金结构），也或许确实有必要成立人力资源部和财会部。

一部分"元老"在城市文化中成功地获取了权力，其余的则达到了自己的极限：新创建的人力资源部在抱怨，不应当让这些半瓶醋继续担当领导，顶多让他们写写日记。于是，一些元老遭遇降级的厄运。

"城市文化"也意味着公司将更加自闭。同事们不再每天跟创始人闲聊，而只能与部门经理商谈；他们不再和所有同事以"你"相称，*新员工的名字也几乎没人知道；他们也不再自始至终地独自完成任务，而是不停地冲刺，直到达到自己的能力极限，且下一个部门接过接力棒为止。

公司所引入的任何规则，都会降低公司的灵活性。官僚主义会使决策瘫痪。在这个阶段我曾经历过这样的事：一个重要的决定（比如客户所等待的合约）不得不被推迟，只因为决策层没能到齐（在规模

---

* 德国办公室里一般都以"您"相称。——译者注

大的公司，总有人在度假！），或者预算已经用尽，或者部门之间的权力斗争再次压倒公司的利益。

城市文化调整一切：工资被分档，人事档案被维护，工作时间被记录。没有哪一步是不会掉入官僚主义蜘蛛网里的：公司办公室前放着打卡机，出差之前必须提交申请，雇人时必须有挑选流程。每一件比启动电脑略为复杂的事情，都可能沦为官僚主义过程（见第97页及以下）。形式在狂欢，而理性则成了旁观者。

例如我的一个客户曾面临以下问题：他的一个负责重要客户项目的手下，因为摩托车事故而请了六个星期的病假。事情明摆着，他的工作在此期间必须有人代替，而且十万火急。然而，人力资源部却通知我的客户说，很遗憾，请临时工的财政预算已经用完。

他辩驳道，这项工作可是关系到六位数的销售总额！但没人对此感兴趣。后来人力资源部把他推给了公司领导，公司领导又把他推回给人力资源部。如果他们不死，时至今日他们依然会在官僚主义泥塘里打滚，任客户把脸拉得老长。这就是城市文化不可思议的一面。

4. 游民文化

像鸽棚里的鸽子来来去去，员工们也是频繁更换岗位。这就是游民文化的典型特征。它并不一定，但却可以追随城市文化。在这里工作的人都想着逃离。员工们前脚还没有跨进公司，后脚便已经开始寻找紧急退路和新的工作。有的即便在公司待上了一年两年，那也只是为了个人履历好看而不得不做的违心之举。

我知道这样一个IT行业的公司，那里的员工平均逗留时间不到两年。原因在于老板：他要求员工们从他们的词汇库里删除一个概念——"下班"。每个工作日都是朝九晚九（从早上9点到晚上9点）。谁要想早回家，甚至直言不讳地说自己也有私生活，那么谁就将受到来自各方的猛烈抨击。

令人不解的是，员工们并不能团结起来，共同抗议他们的老板。

相反，他们更多的是蜕变成了看门狗，攻击那些迟来或早走的同事。如果有人经常迟到和早退，他们便开始咬人。因为他们自己是这个企业文化的囚犯，所以他们显然无法容忍别人获得更多的自由。这一切几乎没有人能够忍受两年以上。

鱼大多是先从头部开始发臭的，部门也是如此。据我所知，有的员工在一个公司的某个部门可以待上十二年，但去了其他部门却只能待上十二个月。以前这对部门经理来说是件很危险的事，因为员工流动性太强的部门会被领导认为管理不力。但是在裁员成风的今天，许多疯狂公司都欢迎这种做法：这些会走路的"成本开支"，如果他们自己主动辞职，公司就不用支付辞退补偿金。这就导致了公司的一种怪异现象：部门以遣散员工代替领导员工，反而能按照利润中心的奖罚原则，获得较高奖金的奖励。

有些行业倾向于游民文化。例如酒店业、广告业以及企业咨询业，他们的员工流动性明显高于汽车行业和能源行业。

疯狂可以在任何文化环境里安营扎寨。但我注意到，企业越老，它的根基就越顽强，它的延伸和发展也就越坚定，从而要消灭它也就更困难。这和树的生长是一样的道理。新种植的树，只要用一点儿力气就可以把它从土壤里拔出来。但如果它已经扎根生长了数十年，枝干已达到一定的规模，那时想要撼动它就很难了，除非动用斧头。

以下章节将结合实例来说明，在德国公司里开出了怎样怪异的疯狂之花，员工在这中间又起着什么样的作用。

> **§3 疯狂公司规则**：公司早期干的那些蠢事，归咎于公司的青春时代；公司后期犯的那些错误，归咎于公司青春期的缺失。

昂纳克效应

您觉得原东德国家主席埃里希·昂纳克会认为自己是一个好猎手吗？当然啦！每次他去狩猎，都有最强壮的赤鹿、最肥硕的野猪、最自负的小鹿从他的猎枪下跑过。没有人能像昂纳克那样射中那么多的猎物。他把自己看作是森林狩猎王，一个优秀的狩猎大师。

其他的社会民主党成员，从维利·斯多夫到京特·米塔格，都会为显赫战绩而拍着肩膀互相道贺。那种其他射手常常碰到的空手而归的境遇，他们还从未尝试过。

然而，他们独一无二的惊人战绩背后却有一个小小的秘密：昂纳克狩猎的地方在柏林东北角，绍尔夫海德以北。那其实并不是一个真正意义上的狩猎场，而是一间填满了动物的野生动物园。[5]

昂纳克的勤奋的手下在他狩猎的区域不动声色地拉起了一道围栏。昂纳克前来狩猎的时候，即便是一只兔子也别想从这道围栏里跳出去。

与此同时，还有成打的森林工作者不分昼夜地运来大量的野兔、小鹿和赤鹿，其数量之多，让射偏简直比射中还难。当时的战果记录就能说明一切：昂纳克每年射中一百头赤鹿，以及同样多的小鹿和野兔。他最堪称轰动的狩猎战绩是：仅仅一个晚上，他便扫射了五只赤鹿！

昂纳克等人期望获得猎人的快感，却不曾想到，自己卓越的狩猎战绩只是一个幻觉，一个兽满为患的猎场里的人工杰作而已。

同样的闹剧每天都在德国疯狂公司里上演。疯狂公司的老板好比猎人，雇员们为他准备狩猎场。呈现在老板面前的景观，其实和真实的情形并没有多大关系，更多的只是老板的主观愿望。销售额、顾客满意程度、销售预期，所有这些都由雇员们精心美化，直到他们认为能够符合老板的意愿为止。

这样的例子就在我的身边发生过。我认识一位中等规模的娱乐杂志社的老板，他很有些名气。他的要求非常高：他的出版物必须在任何一个角落都能买得到，甚至是在最偏远的乡村小卖部。他教导他的手下：杂志在哪儿摆出，才可能在哪儿售出。所以他频频召见销售主管，询问销售网络工作的进展。

他的销售主管就像是一个服务生，上司点了"捷报"这道菜，他就得把菜放到银色的托盘奉上。问题在于：所谓的捷报在现实中根本不存在。销售主管粉饰了他的统计，总是把那些数字弄得越来越乐观，直到让人产生一种错觉，似乎"全德国都已被本杂志社的杂志铺满"。

昂纳克效应通过表面功夫被进一步强化。无论出版商先生什么时候出差（由杂志社内部提前安排），销售主管总是会派人打头阵。这些灵活的助手们将杂志派发到当地各个销售点，一个不漏，以至于他们杂志社的杂志像《明星》和《明镜》周刊一样随处可见[*]……

出版商上路后，不管途经哪里，苏黎世机场也好，布克斯特胡德火车站也好，他都能看到杂志社的旗舰产品——那些"最重要"的杂志——在每一个销售点向他迎面扑来。毫无疑问，他的杂志正在将《明星》和《明镜》周刊挤下神坛。

杂志社的每一个人，甚至仓库的工人都知道这场骗局，只有出版商自己把这出戏看作是真的，就像当年昂纳克把自己当成是好猎手一样。

事实上杂志社的销售很不怎么样，他们的杂志大多在专业书店才有售，极少有通过批发商分销到小卖部的例子。

上述这则轶事可能会让您会心一笑，而另外一则却会让您欲哭无泪，因为那是个企业自残的案例。

我的一个客户是一家大型机械制造企业生产部的工程师。他给我描绘了这样一个情形：公司董事答应了一个大型机器的提货日期，不仅通知了客户，而且还通知了全国的媒体。

---

[*] 两者均为德国权威杂志。——译者注

事前，这位董事把各个部门的经理都召集到自己面前，在说明了交货日期后，非常严厉地问大家："能完成任务吗？"所有人都狠命地点头，把自己的顾虑咽了下去。

我的客户向我透露："当我听到交货日期时，我立即就知道，那是在做梦！生产新机器的过程中不可能是一帆风顺的，这一次当然也不例外。前后共出现了三个问题：首先是一个零配件供应商和他的工程师们无法完成任务；其次是在两个不同国家设计的电子程序互不配套；第三是管理层草率地答应了客户的一些特别要求，却没有在确定供货日期时把这些特别要求也考虑进去。"

这个说了大话的生产项目，开工才几个星期就在进度上处于落后状态。而且生产越到后期，拖延的时间就积累得越多。"可是我们的上司不想知道这些问题，"我的客户继续说，"他总是强调：'我们必须按时供货。我在上面承受着压力。你们必须想办法把落后的时间给我补回来！'"

这个做法是疯狂公司管理层中常见的。他们不想听到问题，他们想听的只是：他们的计划可以成功实施，他们的交货任务可以按时完成，一切的一切都顺利正常！而那些令人不快的真相——诸如所谓猎场其实是野生动物园——他们拒绝获知。

由此就产生了一种恶性循环。发展部总监向上汇报说："虽然出现了一些'小小的'延误，但供货期还是可以保证的。"在逐级向上汇报的过程中，问题越变越小。就像集团公司职员不无嘲讽地说的那样，大家执行的都是"打马虎眼外交"。

等到问题传达到最高管理层的时候，就只剩下庆功口号了："太好了，成功了，目标实现了！"就这样，那个任何一个车间工人都知道不可能按期完成的供货任务，最高层却始终坚信可以完成，并在客户和媒体那里都作了强调和确认。

最后，当空中楼阁最终倒塌的时候，媒体的冷嘲热讽也铺天盖地而来。一些客户离去了，一些客户则缩减了业务。集团的公众形象因此而遭受重创。

一个疯狂公司就是这样的：管理层虽然熟知各类经营数据，与重要的合作伙伴都亲密往来，参加了全部的重要会议，但是对于那些在最底层酝酿出来的问题，知道得并不比传达室送信的工作人员多。后者每天随意地穿梭于各部门之间，能听到每个人直言不讳地谈论问题。

真相从来不会传到公司高层耳中，因为员工害怕因乌鸦嘴而被开掉。这种真相与管理层隔绝的现象，被心理学专家们贴切地定义为：经理症。[6]

此外，那个新机器的供货期被推迟了不止一次，而是三次。集团公司跟昂纳克一样犯了大错，只是所使用的并不是猎枪而已。

案例：我们的老板是如何解决他上班堵车的问题的

我们的销售公司坐落在北德的一个大城市。去年公司领导告诉我们，公司不得不搬家，因为办公大楼的业主提出终止租赁合同自用。公司的新址在城市南郊，不在北郊了。

这个消息对于很多员工来说是一场灾难：他们在北郊离公司便利的地方盖了房子，租了公寓，把孩子们也安置在附近的学校。现在他们与公司之间将被一条德国最拥堵的公路隔断。而走这段路上班，耗时一个钟头实在是家常便饭。一些职员打算看房找新的住处，一些职员甚至想到了辞职。

令人震惊的是，几天后我们的办公大楼挂出了新的公司招牌。我们发现，原来是我们公司自己终止了租赁合同，那个"房东因自用而退租"的说法是个谎言！

一位助理为我们分析了事情的真实原因：我们的上司住在南郊，每天上班的拥堵让他窝了一肚子火。当他有一天获悉南郊一栋办公大楼在招租的时候，便当机立断将那栋大楼租了下来。他只是没有去想，对全公司250名员工来说，这样的迁址几乎是一件难以接受的事情。

从那以后，一些员工把路上增加的上班时间也计入了工作时间。我也一样。

米夏埃尔·凯泽，商务管理人员

§4 疯狂公司规则：不是老板得服从现实，而是现实得服从老板。

当饼干也属于节俭范围

有谁可以声称，一个阿拉伯富人请他吃了饼干？我的客户亚娜·海姆菲德（32岁）就可以这么说。问题在于，不是她在阿拉伯人那儿做客，而是阿拉伯人在她所在的企业做客。本来她才应该是以饼干待客的主人。是她！

几年前，海姆菲德就职的那家世界级技术公司大笔一挥，制定了一套有着响亮名字的节流方案——我们就称之为"2015精益成本计划"吧——用以平衡残缺的利润。一个由企业顾问组成的工作组清查了整个公司。那些曾经花过公司不少钱的节流特派员，瞄准了公司的每一分钱的支出。

当顾问们像蝗虫一样寻遍了整个开支的草场，搜集了众多节流办法后，就在董事大会上宣读了他们的节流方案，其中不少项目得到了热烈的响应。"2015精益成本计划"被看作是降低成本的魔术棒，人们期望它能在十年内将公司的整体开支像变魔术一样，降低两位数的百分点。同时他们也希望，通过这个方案挑战以低成本著称的东亚竞争对手。

集团这一方案的公布也深受媒体的欢迎，其股票随之大涨，公众为之着迷：集团顺应时代要求走上节流之路，真好！

然而，没有人清楚这个精益成本计划具体意味着什么，除了公司职员以外。亚娜·海姆菲德告诉我："那些年轻的顾问们并不知道自己缩减的是**什么**，因为缩减涉及到了我们的顾客。"在节流之前，任何一位职员都可以自己决定，在会议室里用什么样的饮料和点心来招待自己的客户。比如，一位职员在30℃高温下招待三位客人时，可以给每位来访者发送两瓶矿泉水；在冰冷的冬日上午，可以给客户奉上两壶咖啡。借此，职员们能够尽地主之谊，款待来宾，营造良好的气氛。

然而，正是这个"2015精益成本计划"，让好客之道陷入了困境。公司内部的饮食供应，一个绝对的边缘项目，被当作烧钱项目批判，并以严格的规定加以限制。

现在实行的是被工作人员戏谑为"哈茨四号"*的"四小时规定"。对所有少于四小时的会议，**不再**提供饮食。没有水，没有咖啡，没有食品。按照这个规定，如果你要在炎热的七月天招待来自芬兰的五位准备商谈百万大订单的客人，你连一杯水都无法提供。

饼干就更不要说了，因为就是这个从前喜欢用精美点心犒劳客户的公司，因精益成本计划的实施，转而推崇水果的魅力。四个小时以上的会议——只有在这个条件下——职员可以为客户每人提供**一份**水果。从那时起，会议室总会呈现出一幅让人熟悉的画面：与会者用拿过水果的黏糊糊的手指去"粘"会议资料。

那么管理层承认对客人的热情（以及由此带来的客户服务和赢得客户）是节流的牺牲品么？不，将点心改为水果这一举动，被公司粉饰为"为了员工的健康"。一个内部通知说，公司高度重视员工和来访客户的身体健康，因为饼干含有过量的糖分，所以公司决定……

节流计划流向了公司的每一个角落，只有董事们的办公室例外。在那儿——据分管饮食的员工透露——可一如既往地享受最精美的点

---

* 德国社会救济金最基本的一种。——译者注

心。到了晚上，还有香槟喷涌。

可是各个部门的客户们呢？那些曾经是集团的财神们、那些过去一直被点心和饮料款待的客户们呢？现在他们最大的愿望，就是再来一小瓶水（因为即便是四个小时以上的会议，多一瓶水也是不允许的）。还能想象得出有比这更响亮的耳光，比这更明显的轻视么？

起初客户们很是震惊。后来其中一些客户便开始了自助：他们带着成盒的点心、成瓶的矿泉水以及装着咖啡的保温瓶前来参加会谈。当然，这些食物也兄弟般地被这个世界级集团的员工们分享了。客人招待主人，这是怎样的一种难堪！

也是通过这样的方式，我的客户亚娜·海姆菲德品尝到了来自沙特阿拉伯的合作伙伴的饼干。她回忆说："当教长——我们私下里都这样称呼他——忽然离开会议室，蹒跚走向商店，然后胳膊下夹着两盒饼干回来，并分给每一个人的时候，那真的是一种不可思议的感觉！大家都立即抓着吃了，我也吃了。我们都很饿。"

然而，并不是所有的客户都认为这样被人算计是件趣事。一些公司对这种无礼行为做出了反应，带着它们的订单投向了竞争对手的怀抱。

当疯狂公司节流的时候，我总是不断注意到：老板们总能清楚地看到一个节流方案节约多少钱，却一贯地忽略了这个节流方案要**花费**多少钱。谁要是为了节约一瓶水或者一块饼干而气走一个客户、丧失一个百万订单或者吓走一个投资者，他最终就是做了一笔极其失败的生意。

---

§5 疯狂公司规则：谁为节约一分钱而花掉两分钱，谁就是英雄。

疯狂大染缸

一个职员，如果每天都熏陶在疯狂之中，那会有怎样的后果呢？如果他为老板编织着一个虚幻的昂纳克世界呢？如果他被老板宣布为会走路的储蓄罐呢？或者说，如果连猴子的叫声都比他公司的交际语言更文明呢？

就像病毒必然会从一棵树的主干蔓延到树枝一样，公司的疯狂也必然会蔓延到职员的私生活。给我十分钟的时间去跟任何一家公司的职员谈话，不用他详述，我也一样可以告诉你，他的公司运作得怎么样，或者说，哪里运作得不正常。

最近，我和一位保险公司的女士电话约见。她一再强调，要用信件的方式，而不是电子邮件，给她再次确认我们的面谈日期。嗯，我当时就想，她显然是在一个怀疑一切的企业文化里工作，在一个不能有外事安排、不能浪费一分钱、没有上司的签字不敢私自更换打字机墨盒的公司工作。

遗憾的是，我的感觉是正确的。那位女士在这个很有名望的保险公司工作十多年了。很显然，这个疯狂公司的领导罹患着一种幻觉妄想症，总以为他的公司是员工们独一无二的疗养地。他总是命令他的部门主管们，让手下以很高的频率汇报工作。这条措施的目的就在于，精确测量每一位员工的工作量，以便找出或许多余的人。

公司的每一个人都为证明自己岗位的必要性而深感压力。我的客户每天写所谓的"工作笔记"，它听起来就像是一篇标题为《我在公司的一天》的学生版流水账："7:30 打开电脑，接收电邮，七封顾客投诉信，首先回答的是……"

这种方式的自证，正是这位女士的上司灌输给她的。而他这样做的目的，也不过是为了给他自己留下证明：他的手下处于不间断的工作中。

自证的官僚病在继续：只要这位女士给出市场正常的折扣，她便会打印电邮往来记录和谈话记录，并把和竞争对手可对比的报价一起，附在给上司签名用的文件夹里。只有当这一切都准备就绪的时候，她的上司才会签名认可。

可笑的是，在公司上层的这种"疯狂追踪"下，员工们的确变得非常忙碌。只是他们大部分的工作时间，并非用于客户服务，而是忙于自证。

在我们的谈话将要结束时，这位保险公司职员的一个举动让我很是目瞪口呆：她把手伸进袋子，拎出她的钱包，想要以现金支付咨询费用。当我提醒她我可以事后给她寄账单时，她脸上呈现出异常惊愕的表情："可是这样您怎么知道还能不能得到这笔钱呢？"显然，这点儿信任她在十多年的保险生涯里从没有获得过。

"自证疯狂"已经像蛀虫一样钻进了她的大脑。不过，她显然也感觉到了这种怀疑一切的公司文化对自己的蚕食——她开始寻找新的工作。

还有一个很普遍的有关这类疯狂的例子。去年，一个中等规模的公司的管理层人员和我取得了联系，意欲在职业上有所改变。他的出发点是："我想搞清楚哪个德国集团企业最适合我的职业目标。"他假设的是：一流企业只等着他这样的中等企业天才。在谈话过程中我了解到，他所在的三百多号人的公司，掌控当地市场犹如自己的王国一样，无论在任何场合都受到一片欢呼。那种到处都受欢迎的自我良好感觉，从公司蔓延到了员工身上——事实上，要设法从中型企业跳槽到大型企业，对于即将50岁的他来说，是异常困难的。

甚至一个公司的"国语"也对员工深有浸染。例如，我总会发现，公务员们将"人"这个词已经从他们的词汇库里剔除了，取而代之的是"公民"。一位行政长官对我说："我个人作为一个公民，期望……"必须强调的是，这里他说的是他职业上的设想，而不是他选举的权利。

在众多技术集团的员工中，"我"属于濒临灭绝的词语，"人们"——"我"的替代词——不是和人工作，而是和"项目参与者"工作，而这些"项目参与者"必须像机器那样发挥作用。这样的客户在咨询中会把妻子怀孕说成"家庭问题"，把气走最后一位朋友说成"不便表述的私人领域"；把一位最好的同事因患癌症去世说成"人事天花板上的一个窟窿"。

这些刻板的公司语言，使他们对自我情感的视角发生错位。为此我在咨询中提出了这样的问题："你们刚才用枯燥、刻板的语言所讲述的事情，如果被好莱坞的演员演绎在一部情感大戏里，你们觉得，观众会在屏幕上看到什么呢？"这个方法让人们在公司疯狂之外，重新回归自己的情感和生命之根本。

让我震惊的是，公司内部的约定俗成，是以怎样飞快的速度浸染着新来的员工。最初的几个星期，他或许还对疯狂公司里的独特风格——比如说，**每天**早上**每**进一个办公室，都要和那儿的同事握手问候（就像许多德国公司都在实践的那样）——感觉不习惯。可是一年以后，如果这个客户在一个展销会上碰到我两次，即便是第二次，他也会抓住我的手友好地甩啊甩，直到我的胳膊都快要被他拽下来。

树干的汁液总是能渗过树枝，直到树叶的最末端。

---

§6 疯狂公司规则： 员工允许骂街："公司居然这么干！"只不过有一个先决条件：他们得对着镜子骂。

2
戴上紧箍咒：从求职到囚犯

先提几个有关您个人的问题：先生……夫人……还是小姐？

知道六合彩和疯狂公司的人员招聘有什么共同之处吗？答案是：它们的命中几率。在这一章里您将了解：

- 一封求职回绝信是如何激怒整个德国的；
- 为什么"招人"只是"独断专行"的另一词；
- 公司内幕就是，求职者如何求成了囚犯；
- 为什么国际研究将德国的人员招聘排在最后一位（和土耳其并列）。

炸弹般的求职回绝信

当会计加布里拉·S.从她的信箱里拿信的时候，并未曾料到她会引爆一枚什么样的炸弹。这封信的巨大轰动性，让劳务法庭和全德媒体都将焦点汇聚于她。而那封信，不过是施瓦本门窗制作公司给求职应聘的她寄来的一份回绝信罢了。

不过，这封信包含着一些在普通回绝信上不会出现的东西：全部的真相。大部分疯狂公司回信时都会使用套话，彬彬有礼而虚情假意。比如他们会说，他们对应聘者前来应聘深感开心（即便招聘工作曾经被他们训斥为不必要），应聘者不应该把回绝信看作是对自己资格或者人格的轻视（虽然事实正是如此）。

然而，门窗制作公司的回绝信无意中包含了一个让加布里拉·S.怒气冲天的细节：在履历表上她的名字旁边，有人涂写了"东德佬"几个字，而且前面还有一个画了圈的减号。这听起来就像是法庭不利于自己的宣判。看完全部的履历表以后，这种感觉更加强烈了。因为在加布里拉·S.的履历表的空白处，有多处还被标注了东德的字母缩写语"DDR"。

女会计（49岁）受到了深深的伤害。这怎么可能呢？事情显然并不取决于她的资历，而只是她的出生地点。他们既然把"民主德国"当作敏感词，又怎么能在人事选择上重蹈东德社会统一党的覆辙，实践人们所批判的"专制"和"歧视"呢？

具有讽刺意味的是，加布里拉·S.在1988年——在柏林墙倒塌之前——就已经离开了东德。二十多年以来，她一直生活在巴登—符腾堡州。甚至当地的通用语——施瓦本方言，她也能听会说。

女会计非常生气："我无法想象，自己被人说成是'减号东德佬'。"她对《明镜》周报说。[7]她和律师对门窗制作公司不可思议的人事选择方式采取了行动。根据"平等法"的规定，种族和人种的歧视是禁止的，所以她决心力争一笔赔偿金。

门窗制作公司的反应带有很强的疯狂公司特征：他们寄给加布里拉·S.一位老员工的死亡启示，附加了一个令人毛骨悚然的注解："死者也曾经是东德人，可他一直到死都在本公司工作。"还申辩说他们所使用的"东德佬"这个称呼，并不是恶意的脏话，而是一个褒义词，类似于荣誉称号……

对于斯图加特劳务法庭来说，求职者是不是因她的东德来历而被拒绝，并没有任何意义。他们更多的是把精力放在了形式上的文字剖析："东德佬"是一个像"平等法"里所描述的单独的种族或人种吗？如果是，那么公司的做法是可反驳的；如果不是，那么没有任何法律依据可以指控该公司在人事选择上的专断行为。

法庭最终判决加布里拉·S.的起诉不成立，可我觉得这事儿不公平。法官应该更重视法律条款的用意而不是用词。整个事件的意义其实就在于：(疯狂)公司**任何**形式的歧视都应该被禁止。"平等"这个词所涉及的是公司**全部的**雇员，也包括德国人。

案例：感谢一次我从未参加过的面谈

去年7月我在一家能源公司求职。信发出去以后，整整四个星期什么消息都没有。以往碰到这种情况，我都会致电该公司询问："我的资料收到了么？"可是近几年，我遭到多个公司像对待追星族一样的痛斥："耐心点！您又不是唯一的申请人。"从那以后，我就只好闭嘴等待了。

五个星期以后，来自能源公司的一封厚厚的信慢腾腾地到达了。我读着信里的文字，内心的惊奇也在增长：人事部门对我"有意思的面试"表示感谢。然后又说："您的专业水平和个人资历给我们留下了很好的印象，不过我们最终还是另有所选。"

其实我早就料到回绝信只会是客套的说辞。可是，因为一个我并没有参加过的面试而获得高分，这其中的虚伪，也真是登峰造极了。

我其实很想这样答复他们："感谢您给我寄来了聘用合同。不过遗憾的是，我也已经另有所选。"

亚娜·吕尔森,国民经济师

---

§7 疯狂公司规则：对应聘者的回绝，允许99%以偏见为依据（没人在乎）；可是回绝信，却不可以暴露其中的1%（会吃官司）。

伪装的客观性

虽然法庭的判决很不公正，"东德佬耳光"却照样能命中目标——德国的人事选择。所谓的人事选择的客观性，实际上是马虎和专断的危险混合体。每天我都会接触很多与求职者资历毫不相干，却与疯狂公司的偏见息息相关的人事决定。

比如，我知道一个中小型企业原则上**不聘用**失业者。他们宁愿花钱发布招聘启事，或者干脆让这个职位空着，也不愿意瞟一眼劳工局推荐的人才。他们的老板对我说："看看如今劳工合同中的辞退期限吧，每个人都有足够的时间在离开原单位时找到一个新工作。一个找不到新工作的人，十之八九是没有工作热情。这样的员工我们不需要。"

愚蠢吧？是啊！特别是这个公司自己都曾经让员工一夜之间成了失业者。难道不是每一个失业者都可以说，多数公司对待他们只会使用老虎钳么？

再举一个专断的例子。几年前，我为一个相识多年的医药企业的人事经理推荐了一位女性生化师（32岁）。她强劲的社交能力和出色的简历，不仅让我刮目相看，而且也和企业的招聘要求相符合。可几个星期过后，我万分惊讶地收到她的消息："面试很顺利，可后来还是收到了回绝信。"

出于好奇，我给那个企业的老板打了电话。他反复道歉着并告诉我，她当然是应聘者中最好的一个，而且遥遥领先。可接着他又断然地说："她已婚，而且已经步入三十。我觉得她短期内怀孕休产假的可能性太大了。"这才是真正的原因！而那位应聘者当然无从知晓这一点。

这样的偏见遍布各个等级和层面。我所知道的一个中小企业，对高学历原则上总是怀有敌意。即便应聘者很合适，若他们有博士或MBA的头衔，企业也会立即给他们扣上"纸上谈兵"的帽子并予以回绝。与此相反，在其他一些公司，没有博士头衔的应聘者休想获得管理层的一官半职，即便他才智上的光芒足以盖过学历上的不足。

每一个企业都有自己的教义以及在人事选择上的信条。有的疯狂公司喜欢有长期国外工作经历的人，有的疯狂公司却认为那是"不必要的弯路"。某些公司欣赏每年至少进修两次的人，而另一些公司却认为这样的应聘者是懒到了家。

这些隐性标准是怎么来的呢？一条重要的线索是疯狂公司老板的生平经历。比如，如果一个公司的领导是具有长期国外工作经验的工程师，那么具有工程师学历和国外经验的应聘者便是首选；而如果一个公司的老板是自学成才，那么半路出家的应聘者会更有机会，高学历的人往往会遭到拒绝。根据中小企业研究所的一个研究成果，在那些男人执掌生杀大权的公司里，男人被聘用的比例比女人要高得多。[8]

许多疯狂公司的用人秘笈是："应聘者必须完全和自己是一路人。"这样的人事选择，打个比方其实就像是：一个自己曾经是前锋的足球教练，组织了一个由众多的前锋组成的足球队，并不断地继续购买前锋。不要守门员，不要后卫，也不要中锋。只要前锋！

公司当初是为什么而成立的呢？就是因为一群各有所长的人一起工作，可以优势互补啊。那个来自东德的女会计，在她年轻时待在东德期间，很可能获得了西德人所不具有的能力，比如即兴创作的技巧，比如团队精神。

正是团队成员的多样性，才让个体的长处汇聚在一起，成为集体的力量。如果一支球队的十一个球员全是中锋，那么他们的出场只会招来一个接一个的射门。这样的道理足球教练是懂得的，可疯狂公司的老板却还没有明白。

案例：我是怎么凭借马拉松找到新工作的

其实我去应聘之前，对是否能成功并没有抱太大的希望。这个饮食公司在招聘一位具有多年相关经验的会计，而我只做过14个月的临时工，所以，当我接到面试通知的时候，我非常惊讶。

负责面试的是一个体型强健的四十多岁的男人。我就自己的职业历程跟他谈了十五分钟。然后他便转换了话题："您在简历中说，您爱好马拉松长跑。能告诉我您的最好成绩是多少吗？"当我回答说是三小时四十分的时候，他的眼睛亮了起来。他告诉我他的公司有一支马拉松队。后来我们为一个跑步的专业问题争吵了起来。

可惜那次面试就这样结束了，我甚至连进一步展示我专业资历的机会都没有。

回家的路上我很为自己而生气。我说了一大堆有关长跑的事儿，却几乎没有讲到我自己的职业资历。要想成功应聘，一次友好的拉家常式的谈话当然是不够的。我做好了被拒的准备。

两天后老板给我打来电话，让我去公司签订聘用合同，连复试也不需要。而我就职后第一个星期最重要的工作，就是下班后负责企业马拉松队的训练。

现在我知道，我的老板自己也曾经是马拉松运动员，凡事总是优待跑马拉松的同事，不管是招聘还是提拔，甚至在他的好友圈子里也一样。这对我来说，是一种幸运；对碰巧不跑步的人来说，却是一件倒霉的事儿。

卡斯腾·明格斯,会计

---

§8 疯狂公司规则：在招聘中，必须选择那些与现有职员相似到几乎用不上的申请者。因为起码有一点可以肯定，他们不会带来什么新东西。

选错人的艺术

我的一个客户时不时地让我很惊讶。身为电子工程师的他，总是能在最短的时间里找到新工作，而且都是些声誉斐然的公司。单从他的资料看是很难找到原因的，因为他的工作经历听起来确实很普通。可他跳槽的次数太多了，而且在每个公司停留的时间也越来越短。这些其实都是被人力资源人士评判为危险信号的行为。

可是我的这个客户有一个人们无法忽略的优势：他的名字缀有贵族的称号。这一点掩盖了他所有的不足——典型的光晕效应，一个感知上的错误。

难道德国用人者的典型特征就是选错人吗？难道负责招聘的人不再精通自己的行当了么？难道疯狂就是通过这样的关口悄悄入侵公司的么？

享有盛誉的企业顾问约尔格·克诺布劳赫教授谈到了"招聘转盘"，他在专著《人事案例》[9]中，抨击了人事选择上的专权："人事管理层原则上根本不知道招聘程序应该如何进行。关于这个话题，虽然市面上也有一些专业资料，可除了几个面试的标准问题以外，没有更多的内容可以参考。就算有，也没有什么人会阅读，更谈不上去研究那些建议并进行实践了。"

克诺布劳赫列举了六个导致德国企业步入疯狂的信条，比如："关键是我们懂得彼此。"这个态度导致求职者不是凭借他的资历，而是通过与人事主管非常偶然的共同点来引起对方的关注："哇，您来自海德堡？我的老丈人一家也住在那儿……那真是个不错的城市。"

"通过这种方式是否能够找到合适的工作人员，值得怀疑。"他尖锐地总结道："除非您有一家专门提供海德堡城市观光服务的公司。"

克诺布劳赫对其他几个信条的剖析，向我们展示了幼稚行为的深渊。比如，企业常常把求职者所展现的自我与他们真实的品格相混淆；他们从求职者的照片来判断对方的才能，仿佛才能就写在这些人的额头之上；相比专业的标尺，他们更相信直觉；他们甚至无惧于提出幼稚的心理学问题，如："您更愿意做哪种动物？"

"如果求职者将自己与狼比较，那么他显然会有很强的团队合作精神，因为狼是众所周知的群居动物。"克诺布劳赫不无嘲讽地说。

这种人事上的混乱景象可以用事实来论证。国际咨询企业DDI的一个民意调查揭秘：96%的德国人事主管并不掌握相关的专业知识——他们连最基本的问题，诸如面试时哪些问题可以问哪些不能问，都不清楚。[10]他们通常会毫无顾忌地询问应聘者的年龄和家庭状况，而这些其实是不允许的。

一些科学家批评德国经常以直觉来聘用人才，而极少使用世界公认的王牌办法：能力测试。12个被调查的国家中，德国是最差的一个，和土耳其并列！在芬兰，74%的公司使用测试，而在德国，仅有可笑的6%。[11]

> **§9 疯狂公司规则**：现代的人才选择早已意识到，不应凭直觉作决定。目前已有先进的测试方法投入使用，例如：咖啡渣占卜术。*

入职闹剧

一个公司在什么情况下才会收纳新人呢？当然是房间空出来或者说公司职位空出来的时候。之所以空出来，有时是因为前任跳槽了，有时是因为前任被国家养老金信贷机构收留，有时也会因为房间是全新的，还没有人用过。

真正的疯人院从来不会仅仅因为一个病床碰巧空着就去收留病人。而疯狂公司却正是遵循这样一个信条：它们不是因人设岗，而是因岗设人。两者有着天壤之别。

---

* 咖啡占卜术起源于16世纪的意大利，以冲泡咖啡后的咖啡渣来占卜人的未来。此处是讽刺说法。—译者注

当您把一个个体摆在中央端详，您会对他的长处和短处一目了然，并为他裁制出合适的工作范围，就像量身定做西服一样。而纯粹填空般的人手安插则正好相反：求职者靠反复"裁剪"自己和应聘材料，去适应他应聘的岗位，直到完全相符为止。

不妨思考一下，为什么戏剧演出和面试使用的都是同一个词：Vorstellung（表演）？因为两者都是演戏啊：疯狂公司"演"盖住了它的疯狂，求职者"演"盖了自己的弱点。

或者你听说过这样的公司，它的代表在面试的时候会很**真诚**地对应聘者说："您的前任已经在工作中倒下了，他丢下的摊子排个队估计得有150公里长。他的上司——那位正在给您倒茶的态度友好的先生——骂起人来可是满嘴白沫。"

不，企业处事就像童话《亨泽尔和格蕾特尔》里的女巫。它们会给自己裹上一层糖衣来吸引求职者。您可以读读您公司的招聘启事。我敢打赌，在那些自吹自擂、像颂歌一样的文字里，您能认出所有的一切，唯独认不出您所在的公司。

任何一家开业超过一天的公司，都要装腔作势地假扮"传统企业"，好像它的工作合同终生有效；任何一间小店铺，即便它的服务范围不超出所在城市，也要以"国际运作"的印戳来装饰自己，而它唯一进口的产品，不过是为庆祝圣诞而从法国运回来的奶酪而已；任何一家平庸的企业，即便它最后一次创新比三十年战争*还久远，也要自诩为"集思广益"、"追求创新"。

不过或许您也没有听说过，某个求职者会**真诚**地告诉您："我简历中那个令您印象深刻的一年进修，其实只是因为我当时失业。一直以来，不知为何我的每一份工作都做得很不顺利。最后那位老板也太无能了，我给他取了个绰号叫'白痴老板'。还有问题吗？"

无论是疯狂公司还是求职者，都想彼此展示自己最好的一面。这

---

* 1618—1648 年发生的欧洲战争，主战场在日耳曼。——译者注

听起来虽然比"尔虞我诈"好一些，实质却是一样的。

一个应聘者能否顺利通过第一轮面试，首先取决于人事主管。他们登出招聘启事，从应聘资料中淘出候选人，让他们进行第一轮面试。他们挑选的方法，就像是给小麦脱粒去壳。他们不注重应聘者的长处和优势，不去找**聘用他**的理由，而是搜集拒聘的证据。但凡与他们的聘用标准有丝毫偏差的，一律被淘汰。

这样做的后果有两个：首先，那个只寻找应聘者缺点和不足的探照灯，也淡化了应聘者的关键性的长处。而恰恰正是这些长处，让他们对公司来说很有价值。

其次，那些用来挑选人才的标准，来自最浅显的心理学。他们查看应聘者的过去，就像端详一个水晶球，希望从中看到未来。

最通用的决定性标准是任职年限。一个在原公司任职不足两年的求职者，会被扣上"不定性"的帽子，人们会担心他没两天就辞职。所以他的申请会飞到标签为"不予录用"的资料堆里。

奇怪的是，如果情况相反，对招聘者也会有同样的反应。如果应聘者在原公司工作了十年以上，他们就会问：为什么他这样**死板**？他们会怀疑他只是一只"载重狗"，或因无能而在劳务市场上毫无机会可言。于是结局还是一样：淘汰。

这样的挑选会一直进行下去，直到剩下的全是圆滑老练的标准应聘者：一个中庸人才的凯旋队伍。

然而，他们对简历的这种诠释完全是独断专权的。那些常跳槽的人，难道就不可能是劳务市场抢手的人吗？或者正**因为**他在上一个工作岗位待的时间短，所以现在尤其希望获得一个长期稳定的岗位呢？

而一个在原单位待了很久的人，难道就不会是因为他的单位一次次地以更优越的条件避免了他的跳槽，只因为他被视为"**灵活的**"、"有价值的"人才吗？况且这种忠诚难道不是每个公司对其员工所期望的吗？

在面试的时候，人事主管使用一把心理螺丝刀，透过应聘者的外墙看内里。这把螺丝刀，就是他反复斟酌过的问题。

比如他想含沙射影地耍弄应聘者："您的朋友会怎样向我评价您呢？"或者说："您的同事们是怎样评价您的老板的呢？"好像应聘者会不知道自己在面试，会口无遮拦地回答，他的朋友会夸赞他的酒量超好，他的同事们会恨不得用力将飞镖掷向老板的眉心，然后在老板的私家地下宴会厅聚会。

这是一个荒谬可笑的游戏：招聘者反复研习的问题，遭到应聘者反复研习的反击，直到招聘者最后确定：这会是我们某某部门很不错的囚犯！

好了，现在到了给这出闹剧加冕的时候了。囚犯最终能否走上通往牢房之路，不是人事主管说了算，他只不过是一个给老板端上候选名单的跑堂罢了。而老板，那个人力资源门外汉，却在第二轮面试中掌握着生杀大权。这就好像开处方把病人送进精神病院的，不是医生，而是救护车司机一样。

许多老板会否定人事主管的推荐，所以，一些复杂的人事聘用程序被毫不复杂地终结了。比如我就经历过这样的事：某老板否决了所有被推荐的候选人，而从其他部门调用了一个后备人才。或者他也会聘用一个从前的实习生，即便他对那人毫无印象，只知道他在实习期间并没有把公司炸个底朝天。

入狱终于成功了，牢房关上了大门。所有疯狂公司内部发生的事，都被厚实的外墙牢牢地遮住了。

案例：当我去报到时，却发现无人晓得我

两轮的面试之后，一切都定了下来。一个太阳能技术企业的技术总监想要我，可是觉得我那辞退期为半年的合同很成问题。他希望我下个季度一开始便去报到："您能早一天来开工，我们就早赚一天。"

于是我们便达成了如下协议：为保险起见，我签下半年后才生效的劳务合同，然后回原公司辞职，并就提前离岗问题展开了谈判。谈判进行得很困难。最终，为了能够在下季度开始时离开，我放弃了部分奖金。新上司得知这个消息后很高兴。

我就职的第一天是以震惊拉开帷幕的：新上司不在公司，而其他所有同事竟无人知道今天有我这个新人来报到。我没有办公室，没有写字台，没有电脑。我站在那儿像一个不小心误闯办公楼的游客。

一位同事把几个文件塞到我手上供我阅读。于是我就拿着文件坐到了走廊会客区的桌子旁。那儿的对面是咖啡房。每个去泡咖啡的人，都会像看动物园里的动物一样，惊奇地打量我。没人向大家介绍我是谁。

第二天上司回来了。他说他只是忘了我会早来三个月。写字台很快就搬来了，可是电脑和网络，整整让我沮丧地等了四个星期才到。公司这样不紧不慢，那我又何必为了早来报到而放弃那些奖金呢？

最登峰造极的是：月底的时候我没领到工资。我没有去纠缠，而是等了两个星期（作为新人，我不想给人留下贪婪的印象）。结果是：人事部只有我那份半年后生效的劳务合同。它必须修改，还要老板签字。等我最终拿到钱的时候，新的一个月开始了。我的账面因此而糟透了。

克劳斯·汉泽尔，机械制造工程师

---

§10 疯狂公司规则：职位是值得保护的，它们永远不可能为员工而设；员工是不值得保护的，他们因职位而被"裁剪"。（这里禁止用"肢解"这个词。）

高度习惯

疯狂公司的人事策略失败在什么地方呢？斯坦福大学的罗伯特·苏顿教授在他彰显机智的书中进行了揭秘。标题就是书的纲领：《聘请你并不需要的人》[12]。苏顿指出，大部分的公司基于老掉牙的理由总是聘用不当的人才，因为它们根本就不知道，它们**真正**需要的是什么。

他的建议极具刺激性。比如，他要求公司有计划地聘用本身不完全适合、聘用后也不完全迎合公司的人。但在实际中，这完全是另外一回事。只要一个员工不学会适应和调整，不把老员工当作学习的榜样，不把企业信条背得滚瓜烂熟，他就不会被企业看作是合格的员工。他必须将企业在思考、工作和表达上的方式，一个个地接受下来。

显然，雇主认为自己的公司是拥有炼金石的。如果面试的时候挑不到油滑如十多年工龄的老员工的高仿品的话，那么新员工很可能带来与公司背道而驰的思想和行为，这些思想和行为会被视作幻象，并在其试用期内予以剔除和消灭。

快速的适应会受到公司快速的认可。一个四个月就能混得与老员工无以区分的新员工，会被看作是理解力强、可被接纳的人，获得缩短试用期的奖励也并不鲜见。而那些不能立刻变成变色龙的人，会有被宣判为碍手碍脚、有怪癖的捣乱者的危险。

这是怎样一种心胸狭隘的疯狂！如果每个新人都被迫沿着别人的脚印前行，那么公司又如何开创新的路子？如果每个新人都立刻被迫蒙上眼罩，那么这个公司又如何预防企业失明症？

聪明的公司应该利用这个机会，与新人一起，将**新的**点子、**新的**交际方式、**新的**工作方法引进公司。如果一个新人发表不同的思想言论，走不同的工作道路，展现不同的交际方式，那么他不应当受到惩罚，而是应当获得奖励。这样的企业文化才会有生机和活力。

可是，为什么苏顿建议公司录取他们并不需要的人呢？您可以问一个酗酒成性的人是否接受戒酒治疗，他当然会断然拒绝。可难道他不需要么？当然需要！只不过他预料到这种新的治疗会给他带来强制性的、很**不舒适**的改变。而对于这种改变会给他带来的好处，并能拯救他的生命，他在这个时刻并没有意识到。

疯狂公司所依赖的酒瓶，就是它们根深蒂固的习惯。在一个完全以数字说话的企业文化里，比如在许多技术集团，人文工作者要申请一个职位只会碰壁。而事实上，正是他们这种具有高水平的语言和社交能力的人，才可能对企业思考和行动的框架进行决定性的扩展。

与此相反，我也遇到过一些创意行业的公司，它们总是在各种决策间摇摆不定，而不考虑这些做法是否值得。这样的公司要想存活，不妨招收一个理智的、精通数字的员工，比如监控师。当然，两种文化会发生碰撞，可正是从两个完全相反的角度出发，才会产生可以开花结果的新意识。

不可思议的是，那些费尽心思保养自己的机器设备、在市场营销中投入巨资、在商业核算中不愿投机而更信赖数学公式的公司，偏偏在人事策略上采取的是忽略、推诿、暧昧和"崩溃"的态度，仿佛对企业成功起决定性作用的不是员工，而是机器和广告词。

这种藐视人事部门的现象在众多的公司都很明显，大企业人事总监的影响力就像联邦内阁的发展援助部部长一样微弱，他的职责范围被视为"舒适的游戏草坪"。人事部门不断地受到批评，被指责为不但不能像其他部门那样给公司带来利润，反而因为员工进修而花费颇多。

其实人事策略就像企业的血管。只有新鲜的员工血液通过这个血管流进企业，只有当企业赢得最优秀的人才，并支持他们的发展，以这样的方式将他们保留下来，那么，这个企业才会具有创造性和生产性，并最终击败它的竞争对手。

案例：当一个实习生把我拒于门外

应聘一家有机食品生产厂商，让我经历了此生最荒诞离奇的回绝。我申请的是部门经理，可该公司却通知我："您所申请的代理人职位已经满额了。"我申请的根本就不是代理人啊。

我于是想给寄信人回一封电子邮件，因为我觉得这里面很可能存在着愚蠢的误会。可是看到对方的邮箱地址时，我脸都气红了。因为地址是：实习生@某某公司。难道仅仅一个实习生就能以这样的方式，将我拦截在我心仪的企业之外吗？更别说作为企业领导，我在行业里享有受人尊敬的名望。

我没有再回邮件。可从那以后，我利用每一个机会，在我不大的行业圈子里，提醒大家小心这个企业。

贝蒂娜·施韦尔，生物工作者

§11 疯狂公司规则：新员工必须尽快地被导向理智，他根深蒂固的思想必须被改造。所谓理智，就是公司的一贯所为；所谓根深蒂固的思想，就是新员工想要带进公司的那些想法。

人才评估中心的笑话

一个自视颇高的疯狂公司，是不会搭理每一位求职者的。只有那些最出色的人才，才会被请进公司的殿堂。可是如何才能提炼出**可靠的精华中的精华**呢？谁要是过于相信应聘材料和面试谈话，谁就不免被求职骗子所欺骗。

谢天谢地的是，21世纪的人事选择不再依靠非工业化时期的那些工具。在此期间，出现了一个似乎远远优于传统办法的选拔工具，就像飞机之优于邮政马车，它就是人才评估中心。

对于这样一个富于科学要求的方法来说，应聘者的自我描绘，已经不再起决定性作用。重要得多的是，他如何去**应对**那些模拟现实的情况。当应聘者在障碍重重的跑道上疲于奔命时，一些专业人员如心理学家，会仔细观察他的一举一动。他所说的每一句话、所做的每一个动作，都会被做出诠释，以便为他将来在工作岗位上的表现找到定论。

我曾经多次有机会以观察者的身份莅临人才评估中心。那里到底是怎样一种情况呢？那儿有两种类型的练习：第一种由选手自己完成，也就是自我表现；第二种由数人共同完成，也就是小组讨论。

这个讨论常常就是磅秤上的指针。那些自以为是的选手会得到一个题目，我们不妨说《金融危机主要是一个灾难，或者也是一个机会？》，然后，伴随着拳击台上的一声锣响，讨论竞赛开始了。

看台上的观察者现在希望看到求职者在竞技场上的搏斗。那些一上场便抢得发言权，并在之后的十五分钟里紧扣话题不放的人，会被认为"极端自私"而遭淘汰。那些像小旗子一样左右摇摆、一会儿赞同这个一会儿赞同那个的人，会被视为"看法的胆小鬼"。而那些积极倾听他人意见，清楚地表达自己的观点，最终得出建设性答案的人，会被看作是性格英雄和交际人才，从而从练习中脱颖而出。

只是这个游戏有两个黑客：首先这个舞台上没有人会展示他**本来的**面貌。这好比一个学生，在老师面前他不会用雪球向别人脸上开火。可在老师转身的下一秒钟，他准保会！

选手们表现得很有策略。一个固执己见、听不进他人意见的人，这时候会尽其所能，将其他选手带入话题（"你认为怎样？"），做出让步（"我们怎样才能统一意见呢？"），同时最迟在30秒后控制住自己的口若悬河。与其他选手攀谈时自然得直呼其名，以便赢取更多的积分。

同样，大多数讨论者会隐藏他们的意见，直到他们像钥匙配门锁一样，成为公司合适的人选。比如一个人，原本认为金融危机是对金融业贪婪无耻的合理惩罚，因为它是踩在大众的背脊上做冒险的生意。可他却会在人才评估中心很漂亮地掩盖他的立场，转而对银行人士不吝美言。毕竟大部分银行人士都是正派人嘛——不信就看看大众银行的地区经理！——他们唯一的"期货交易"就是准时打开和关上他们的营业所而已。

只有那些确实内向，而专业和性格通常都很拔尖的选手，才会在这个凭口才演戏的台面上无所作为。那种魔术——一按按钮，就能从静止的矿泉水摇身一变为汩汩而出的语言的溪流，他们做不到。他们拥有很高的素质（这点应该受到人事部门的重视），却只拥有很小的推销自身素质的才能（这点对于大部分职业来说，其实无关紧要）。

每一个人才评估中心都是一张美化自身短处的狂欢节请柬。这里唯一能被证实的才能，就是演戏。然而，各个公司的做法却让人觉得，这种人才选择的方式似乎有着和数学教授计算九九乘法口诀题一样的获胜几率。

真正的专家却不这么看。比如，德国人力心理学第一人，斯图加特—霍恩海姆大学的海因兹·舒勒教授就说："简单的面试通常比人才评估中心要可靠得多。"[13]

此外，被《哈佛商业经理人》杂志隆重推荐的《人才中心研究2008》也对人才评估中心提出了批评：71%的上市企业每年会至少一次输送求职者和员工前往人才评估中心进行选拔，可是即便有这样的惯例，专业性仍然是人才评估中心的薄弱环节。"使用方法的错误已经成为家常便饭，"研究主任克里斯多夫·奥伯曼说，"我经常观察人才评估中心，确实有许多机构配不上这个名称。"[14]

人才评估中心有很多地方做得都还很不够，比如：练习太脱离实际，与之后的工作没有丝毫关联；准备工作做得很业余，执行过程也做得不够精确；遴选标准往往是：企业只挑选自己雇员的复制品而放弃了新鲜的血液。

我的一个客户是媒体集团的人事工作者，她把困境变成了优势：

"在人才评估中心，我会注意一些其他同事绝对不会注意的东西。比如，在练习的**间隙**发生了什么？在练习开始**之前**如果碰到这样的问题，应聘者彼此如何相处：如应聘者应该按照什么样的顺序去做个人表现的节目？这种场面应聘者似乎并不难应付，而我也的确能够从中得到一些有关他们性格方面的东西。之后他们会戴上面具，那时也就没啥意思了。我们组织这种人才选拔闹剧，只因为我们领导认为这种方式很现代罢了。"

由此我们又看到了疯狂公司最喜爱的一种姿态：它们总是要给自己荒谬的行为刷上一层合理的外漆，即便这种人才选择方式不但不像疯狂公司高层所宣布的那样科学，而且是双倍的外行。

---

§12 疯狂公司规则：谁在人才选择上犯了大错，谁就需要为此准备充分的理由。其中一个理由就是：人才评估中心。

3
疯狂公司潜规则

　　股东和员工们提出的那些批评意见，我当然也知道……，不过并不一定要立刻告诉他们答案在哪儿呀。

顾客？顾客不是皇帝；组织结构图？根本无效；办公程序？只误导疯狂。这一章将向您揭秘疯狂公司的潜规则。您将阅读：

- 为什么招聘启事中的职位总是早已内定；
- 德国电信如何以废弃信箱处理他的客户投诉；
- 为什么专业知识被摒弃于会议室门外；
- 公司疯狂的违法行为如何让市中心几近坍塌。

决策的丛林

许多公司的决策过程非常混沌不清，相比起来，巴西的热带雨林也犹如城市公园般更为一目了然。虽然办公程序被视作最主要的决策途径，然而却起不到半点作用，很多重要的决定平时都会不为人知地采用非正式的途径，这个真相也并不会从公司的组织结构图中体现出来。

组织结构图！它以一种实际并不存在的秩序——那种清晰的上下关系、那种决策的导航系统——来迷惑众人。所有的决定似乎总是会可靠地通过官方程序而做出，就像水总要排向下水道一样。疯狂公司想要给外界留下一种印象：它们的内部生活是井然有序的，它们的决定是符合逻辑的。

然而，这个游戏规则却是书本上的。真正的权力，只属于那些能够迅速、狡猾而且残忍地把权力揽向自己的人，属于那些能够战胜对手、顽强地贯彻自己意志的人。这是一个没有底限的游戏。

因此，有一些疯人院并不为其院长所控制，一些部门并不为其经理所掌握。比如我就知道一个半导体制造公司，那儿的经理如果没有女助理点头认可，连圣诞庆祝活动是否吃自助餐这样的小事儿，也无法决定。公司的员工告诉我，女助理就是他的指南针，她靠偷听小道消息形成对同事的看法，然后给经理吹耳旁风。她也像女主人一样掌控着他的时间安排。如果她不同意，经理连上公司老板那儿都没门。没有女助理——一个在组织结构图里没有任何意义的人，公司就无法运转下去。

一个员工告诉我："不管女助理递给他什么，他都会签字；而当她皱着眉头说，'这个我得和领导谈谈'，那么一切就都不用指望了。"

在重要决定做出之前，人们总会看到他们在窃窃私语，就像一个愚钝的学生在接受别人悄悄的提示。她之所以到现在为止陪伴他转战了四个不同的企业，其中想必自有原因。

一些同事领略了这个犹如老板前台的女人的威力，于是凡事都围着她转，以期与之保持友好关系。没有任何人得到比她——这个前台女主人——更有价值的生日礼物、更有魅力的恭维和更多的共进午餐的邀请。

办公程序是理论的梦幻之船，它终究会因现实的颠覆而粉碎，这点从任何角度来看都有效。官方会议的意义也不例外。这些会议并不是大范围地由众人作决定，而是大范围地贯彻实施之前已经由小圈子内定了的方案。

一个在美资大企业上班的女客户对我说："长期以来，我都是一个容易轻信的绵羊，以为讨论都是在会议上公开进行的。可是后来我注意到，那些开会之前在会议室碰过头的人，在开会时形成了一条统一战线。但凡他们自己的提议，他们总能齐心协力使之通过；但凡他人的提议，他们总是合力阻击。"

后来她发现，这个男人帮每隔两周都要在下班后聚在一起喝啤酒。他们组成了一个会议联盟，在一起做决定，并交换保密信息，比如公司哪个位子将要空缺。在大家看到招聘启事才注意到这事儿之前，那些知情者早已获知消息。

有时候我有这样一种感觉：在一个公司刊登出来的十个待聘职位中，有十一个早已内定。这些名单由他们在食堂、咖啡房、网球场或者是在酒吧里敲定。可尽管如此，官方的办公程序还是要走的。在许多大公司，通常首先是内部的招聘启事，然后——在没有找到合适人选的情况下——才轮到外部的招聘启事。

比如事情可以是这样的：某部门一夜之间空缺了一个新岗位。部门经理8:01拿起电话，跟他在公司运动队的老朋友约好在食堂见面。12:10，在竹笋汤和煎肉排之间，两人成交了，那个朋友得到了这个职位。

现在这事儿还得在办公程序上走个过场。于是部门经理把一份岗位说明书递交到人事部，这份岗位说明书当然是为他的理想人选像做西服一样量身订做的。众多的应聘者不紧不慢地到来，然而只有一个，呵呵，奇迹哦，竟然与招聘要求完美吻合。为了保险起见，部门经理知会人事部，有一个特别有资质的应聘人选，他无论如何想要在面试的时候见一下……

机会均等就是这样在根本没有均等机会的地方当众上演，空缺岗位就是这样在根本没有岗位空缺的情况下刊登出来。疯狂和专断就是这样逾越了官方规则一路走来。

案例：当我被聘用的时候，被辞退就已经内定

为什么从我入职第一天起，我的新同事都像对待瘟疫一样对待我？为什么他们去食堂的时候从来不叫上我？为什么他们把我拦截在重要的消息之外？为什么上司总是在全组人面前跟我过不去？是他自己聘用我的呀，他应该希望我顺利通过试用期的呀。

一个同事悄悄告诉我：上司本来是答应了他的死党，一个老员工，把这个职位留给他的。以前那些空职位也是这样被填满的。然而，这种任人唯亲的做法给上司带来了非议，有人奉劝他还是对外招聘的好，这也就是我为什么能进公司的原因。

上司的魔鬼战略：显然，他想在众人面前假装有对外招人的诚意。只不过可惜呀可惜，这个尝试最终却失败了。于是理所当然地，他不得不在短期内果断而迅速地找到一个解决此事的办法。

我的试用期就像是炼狱。无休止的批评摧毁了我的自信。后来，我甚至开始怀疑自己真的像那些人所说的那样，愚蠢无能而讨人嫌。当上司终于决定辞退我的时候，我反而感觉到了被解放般的轻松。

谁顶替了我的职位呢？当然是他的那个死党。短期内，果断而迅速地……

西尔克·克鲁泽，医药技术助理

> **§13 疯狂公司规则**：企业办公程序好比太空里的银河：没有真正可通行的道路。

顾客，不受欢迎的人

网络设计师马库斯·克洛泽（32岁）从新客户那里得到了一个有趣的案子。一个销售电器的大型企业要他对企业网站提出批评意见，以供他们的内部会议讨论。老板对他说："你要用你清亮的眼睛，找出我们还能改进的地方。"

克洛泽于是按照吩咐去做。他不仅重视网站设计上的问题，也注重网站的使用便利性："我把自己当作是一个想要投诉的顾客。"

没想到此举却成了对他耐性的严峻挑战："投诉"这两个字隐藏在页面的最底部，而且没有注明投诉号码和电邮地址。点击投诉键后，面临的是一场必须给予回答的网络"审讯"。对于普通问题如"我的电器为什么在第一次使用时不运行"，会得到一个笼统的回答，如"请检查是否接通电源"。克洛泽沮丧极了："假如身为客户，我还真有被耍了的感觉！"

直到这个障碍跑的终点，他才找到了服务邮箱的地址。他在邮件里描述了他的情况，收到的却是对方的自动回复，那儿罗列了许多解决假定问题的链接。最后是假惺惺的一句："如果这些信息还是没能帮助您解决问题，那么敬请您拨打我们的服务热线……"

克洛泽照办了。"没有人接电话，电话里只有一个录音，而且又开始了下一轮的审讯：'您要投诉的是新电器吗？请回答'是'或者'不是'。如果我是顾客，我早就把听筒扔回电话机座，把电器扔进垃圾桶去了。"

经历了半个世纪以后（"您需要个人的支持来解决您的问题吗？请回答'是的'。"），看样子这迷途终于有了尽头："我们将**立刻**为您接通下一位有空的工作人员。"然而根本没有"立刻"那回事儿："先是音乐录音，我等了17分钟，然后接通了一位女接线生。"

克洛泽跟她提到了漫长的等待时间，她回答说："很多客人对此都很有意见。我们人手不够，几乎一整天都在接听电话。可是我们公司没有聘请更多接线员的资金。"

在内部会议上，克洛泽描述了他沙漠骑马般的投诉经历。之后他提议，将投诉键移到网页突出显眼处，服务热线也一并标明，并力求将接听的等待时间缩短到一分钟之内。

他得到的回答是一致的不回答：一阵刺耳的哄堂大笑。大家期待的其实都只是设计师对网站视觉方面的肯定。最后销售总监回应说："您认为我们为什么对客户投诉不积极呢？配得上我们的是购买产品的客户啊，而不是那些爱抱怨的人。每一次维修都会阻碍一次新的购买。"

"可是那些被激怒的客户凭什么要再次购买我们的产品呢？"克洛泽无法认同。

销售总监同情地笑了笑："难道您没有看到其他厂家的服务方式

吗？客户根本没有其他选择。在这个问题上，大部分企业的看法都是一致的。"

这就是疯狂公司所特有的。它们耗资百万以广告招揽顾客，可是只要鱼儿在鱼钩上活蹦乱跳，它们便不会再继续关心它。显然，客户在它们那里被分成了两类：一类是**将购买者**，也是最受欢迎的人。还有一类是**已购买者**——他们如果有问题要问，或是想投诉，就只会碰壁。这些公司的眼界和视野，还比不上收银员塞钱入柜的那个手势宽广。

> **§14 疯狂公司规则**：想安静地做生意的人，必须摆脱三个干扰因素：税收政策、自然灾害和客户。

电信公司的废弃信箱

德国电信提供了一个骇人听闻的范例，来说明如何混淆"服务"和"逃避服务"这两个概念。成千上万的客户投诉，得到的答复只是一个：没有答复。如果自己的投诉没人倾听，那该怎么办呢？明智的做法当然是更换供应商啊，或者继续投诉。可这其实并不明智：答复依旧会是没有踪影。

到底发生了什么事儿呢？两个内部事件、一次组织调整、一次罢工，这些都得让无数的顾客来买单，因为它们所造成的后果就是有无数的故障需要排除。因此，投诉的浪潮铺天盖地汹涌而来，可是集团非常狡猾，它把所有的投诉都转移到了一个打扰不了任何人的地方：一个废弃的邮箱。

电信公司面对公众时谈到所谓的"系统原因造成的结果"。它指的是：投诉被忽略，投诉信件一直处于无人阅读、无人答复的状态。闭

上嘴，当客户死了一样！ [15]

德国电信客户服务公司西北分部的工作人员，完全无法接受这种极其无礼的与客户交往的方式。在比勒弗尔德召开的企业大会上，他们把一个与疯狂公司相关的议题写上了议事日程："被迫作假会致病吗？"他们与顶头上司们展开了激烈的面对面的争执。他们设定的目标——如他们所说——并不能通过真诚的渠道来实现，而是只能够通过欺骗和耍手腕才能实现。

好在德国电信和克洛泽的公司一样走运：竞争对手在激怒客户这方面，做得比德国电信有过之而无不及。当产品检验基金会对这家网络供应商的服务进行检测的时候，它最好的成绩也只是一个"尚可"*而已。 [16]

许多服务团队的专业人员对客户描述的问题总是百般嘲弄，而一些工作人员竟然连一封电子邮件的附件最大容量是多少这样的问题都无法回答。

还有，网络在承诺的日期不能开通，却不给予客户任何解释；从客户的银行账户收取了服务费，而客户并没有订购这些服务项目。供应商如阿利塞和弗利恩的一些原本已经赢得的客户走掉了，只因为它们遗失了客户的订购单。

这些服务方面的不足，比挨任何一个耳光都更糟糕，因为客户如今会把他们在公司面前所受的气，在互联网上发泄出来。他们发表在论坛和博客上的文章，百万民众都可以看到，也都会被激怒。公司和产品的形象会很快毁于一旦。

在投诉问题上，还有几个问题需要探讨：投诉仅仅是顾客的需求吗？难道每一个投诉不都是对公司有价值的反馈吗——特别是在如何完善自己的供应、如何识别错误的由来，以及今后如何在市场上更加成功地运作等方面？与顾客"直接的接触"是拴住顾客无敌的王牌，

---

* 德国评级一般分五档：优秀、良好、尚可、及格、不及格。——译者注

关于这一点，每个学习市场营销的大学生在入学第一个学期就知道。

关于这一点，疯狂公司的员工们也都知道。可是他们得遵守公司不成文的规定。就像我的一个客户对我说的："我当然可以细致入微地对待每一位顾客的问题，我也非常希望能够那样。可是我如何才能完成客户咨询的定额呢？再说很显然，顾客不能让我升职，不能给我加薪，也不能给我开工作证明。在两相冲突之下，我只能让那个对我来说更重要的人满意，那就是我的上司。"

案例：我们如何把客户扔进了废纸篓

我们的公司刊登了一个为新产品征集命名的竞赛活动广告。这个活动的理念是："顾客是有创意的，我们不需要广告公司。"获奖者将获得南太平洋双人游的奖品。数以千计的顾客参加了这次活动。

然而这些充满爱心的、配有文字的卡片和电邮都遭到了同样的命运：直接被扔进了废纸篓。因为在活动发布以前，那个新产品就已被广告公司设计命名了。后来也是这家广告公司，把这个命名以"顾客创意"的名义推广了出去。

那么谁获得了这次活动的奖品呢？一个并没有参加此次活动的大客户。他的旅游照片被发布到了公司网站以及公司的客户杂志上，标题是："我们感谢顾客创意的方式。"

如果废纸篓会说话的话……

胡贝特·施泰因，市场营销助理

---

§15 疯狂公司规则：一个客户，如果公司给他造成了问题，那么，他就是公司的"问题客户"。

开会开到崩溃

一天，一个集团公司的大楼最顶层发生了火灾。当火苗通过走道向四处蔓延，火光就要在董事长办公室闪烁的时候，他用对讲装置对秘书说："米勒小姐，请通知领导班子集中开会。我们面临着一个新问题。"

米勒小姐执行了他的命令。五分钟后，当烟雾弥漫到伸手不见五指的时候，领导班子五人小组在老板椅的周围凑齐了。

"我们该怎么办？"一位代理人情绪激动地嚷道。

"跟平常一样，"董事长说，"我们按照议程行事。"

每个人都翻开了上一次会议的记录。大家讨论着那些无关紧要的、被标上了"再次提交"记号的议题。而当火焰快要将木桌子连同会议记录吞噬的时候，房门突然飞起，一群企业消防人员手持"上了膛"的灭火水喉冲了进来。

董事长举起手，就像交警一样，制止了他们的行动。然后边咳嗽边对着对讲装置说："米勒小姐，我们这儿来了几个不速之客。您能先带他们出去吗？等我们把眼前的危险情况和解决办法都写进会议记录了，再通知您"。

这个故事当然是虚构的，可是它另一方面又是真实的，因为其中有三个观察结果是从现实中提炼和推断出来的。

1. 开会并不推动工作，而是阻碍工作

许多公司认为，开会越多，解决问题的效果就越好。依此类推，我们似乎也可以说，填写的六合彩彩票越多，您的投资就越有保障。开会的次数多，并不代表着组织能力的强大，反而暗示着缺陷和不足。这一点已经得到优秀管理策划人弗雷德蒙德·马利克的证实。[17] 开完会后是否一切就跟之前不同了呢？这个可能性几乎为零。

很多公司在开会时总是带着一种"讨论过了就好"的心理。会议被当作行为的替代品滥用,"开会"似乎与"坐等"一脉相承。

比如我知道一个保险公司,他们想推出一种和网络犯罪险有关的保险品种。据测,这个被传统保险机构忽视了的经营领域,会有骄人的销售额。于是,管理层大张旗鼓地召开了一个启动大会。

公司里由此掀起了一轮讨论波。就像每次开会那样,大家分成了两派;也像每次开会那样,讨论其实无关公司的利益,而是与会者的格局问题。支持新产品的人会把产品的危险性说得很小;反对新产品的人则会断言公司将会因此走向毁灭。

双方都很卖力、很投入。他们撰写论文,分析竞争对手,发送专业论文的链接。电邮收发占用的服务器越来越大,会议上的争辩也越来越激烈。双方都不惜一切地力争达到自己的目的。

会议开了一个又一个,会场上的火药味也越来越浓:囚犯们互相打断、对骂,视自己的需要将对方的意见要么定性为"消极悲观",要么定性为"盲目乐观"。本来他们要讨论的是一个有趣的议题,最后却在相互攻击中将力量消耗殆尽。他们说了很多,却什么也没做。

开会常常就是这样:不是拓展想法,而是压制创意;不是去尝试,而是停止试验;不是去听取客户和员工的意见,而是去违逆市场的需求。他们的会议,是纸上谈兵的世界杯。

在德语区800名企业领导中进行的民意调查,为我们揭开了冰山一角:71%认为自己公司的会议准备得不够完善;57%坚信会议只会拖累工作进度;52%认为会议对各自的职责缺乏充分的解释。[18]

我很担心的是,这些领导们在民意调查之后,会直接投身于下一个会议之中。因为三分之一的人表示,他们每天泡在会议室的时间为三到四个小时。这样他们的职业生涯就有十五到二十年的时间要在会议中度过。

这是不是一种疯狂呢?请让我们好好讨论一下——在下次开会的时候。

2. 开会的目的在于彰显权力，而非讨论工作

在重要会议上碰头的都是企业的头儿，也就是领导班子。他们中的每个人，都习惯于将自己的意志用指令强加于那些打杂的下人，也就是公司员工身上。这也就难怪当他们聚在一起时公司会不太平：每个人都想坚持己见，每个人都要对他人指手画脚。

让心理系的大学生以旁观者的身份参加这类会议，或许不是一个坏主意。他们在那儿学到的有关群体动力学、沟通行为、权力斗争方面的知识，绝对会超越从同课题的学术文献中所学到的。最有趣的是那些由一个观众，也就是由疯狂公司老板主持的会议。当最高领导在座的时候，全体囚犯都会格外的斗志昂扬，就像上进的学生见到了班主任。每个人都不想在领导面前露短，每个人都希望在领导面前展示自己真实的高度。

发展部经理首先夸耀自己的最新产品为电灯泡问世以来最大的"天才之作"，然后将销售惨淡的原因推给销售部经理；销售部经理先是为他的销售代理人喝彩，称他们发动了自汉尼拔阿尔卑斯长途奔袭*以来最强势的营销攻势，然后口头上生生地对着市场拓展部经理的下巴来了一记上钩拳："一个产品，如果我们不为它做广告，它就只能消亡。事情就这么简单。"市场拓展部经理为他不久前的广告创意唱起了赞歌，然后将毒药注射器对准了财务经理："削减我们的广告经费，这不是愚蠢，这是愚蠢至极！"

每个与会者都希望在会上击败他人，因为这事关等级、形象及权力。

当然，这些头头们也有看法一致的时候，那就是当他们以满腔的愤怒，攻击自己的替罪羊——人事部——的时候：那些"人力资源部"的员工，说是"人力资源"，却不能魔术般变出足够的"高潜质"人才，

---

* 指的是公元前218年以汉尼拔为统帅的迦太基人率军翻过阿尔卑斯山，出其不意地粉碎罗马人阻击的故事。——译者注

而且还总以进修为名影响员工们的工作，以不必要的课程提案来纠缠各个部门经理——比如什么"有效召开会议的艺术"。这样的课，谁要去听呢？

3. 专业知识被弃之门外

"这个新软件真是个灾难"，一个文献公司的文员抱怨说，"以前只需要一个点击，现在却成了一个复杂的程序。"

"为什么要开发这样一个不适用的软件呢？"我问。

"因为没人问过我和我的同事们啊，这是上司们在开会的时候自己决定的。"

"可是你们部门经理可以代表你们（部门）的意见啊。"

"他连我们的意见是什么都不知道，怎么代表？"

"那他为什么不问问你们呢？"

"他觉得这个不重要。虽然他穿梭于各种会议中，可他还是觉得自己跟得上日常工作，毕竟他也曾是我们部门的专业人员。不过那已经是老黄历了。从那以后，部门所有的变化都和他擦身而过。"

"那这个软件是在什么基础上开发出来的呢？"

"是头儿们根据一本专业杂志上的评论开发出来的，只是他们没有想到会与我们的需求有些许不同。"

典型的疯狂公司：会议座位卡不是依据能力，而是按照等级安排的。高高在上的领导成员当属其中，而员工和专业知识则被摒弃门外。

高层侃出一个决定，就像砍倒一棵橡树，橡树轰然倒地，撞击基层，引起巨大反响。不经问询收银员的意见，零售店经理购买了新的收款系统；不经问询司机的意见，物流经理购买了新的货车；不经问询代理人的意见，保险公司经理推出新的保险项目。他们不跟顾客和员工交流，也不邀请他们参加会议，他们举办的是一场顾客和员工大概都期待的猜谜游戏。

最能将员工变成倔驴的办法，就是不征求他的意见而作出愚蠢的决策。比如一个保险公司职员，如果让他向客户推销一个老板强迫他接受的愚蠢的保险项目，他会像卖酸啤酒一样勉强；相反，如果他所销售的产品是他自身参与设计的，那么他会以他三寸不烂之舌，倾力叫卖。

然而，只要员工的游行抗议队伍没有行动起来，疯狂公司的管理层就会认为，他们的英明决策得到了员工们的认可。事实真相总是要到最后才会呈现在他们眼前——当营业额玩起十米跳板的时候。

案例：我的上司近在咫尺，却又遥不可及

我的顶头上司就坐在离我几个门的距离，可是对我来说，他是遥不可及的。几个星期以来，我一直想和他长谈一次，汇报几个重要的情况，可每每总以失败而告终。

我感觉自己就像一个追星族：我给他发电邮，他不回复；我跟他预约，他敷衍我；我在走道上跟他打招呼，他喃喃一句"一会儿再说"就飘然而过。

我的上司整天都在开会。我算了算，每天要五个多小时。会前他得研究会议记录，会后他得整理"待处理"清单。会议明显地已经填满了他的工作日程。同时他还得抽出时间会见客户和供应商。显然，这些人比我和他的其他下属重要得多。

开会的时候他们也会讨论各种议题，其中也包括员工的重要性。可这不是马后炮么？他们有几个钟头的时间去谈论管理工作，却没有一分钟的时间去实践。

于尔根·贝格尔，预算经理

§16 疯狂公司规则：开会前有一个问题的人，开会后会更上一层楼：他最起码有两个问题！

活动闹剧

企业管理人拉斯·奥佩尔（49岁）在一个租赁企业工作，他用食指点着自己的额头说："我们的公司就像一个蚂蚁堆，一切都杂乱无章。大家从早到晚都在打情骂俏、聊天、收发邮件。为什么？为了掩饰公司死水般的寂静啊。"

"您能举个例子么？"我问。

"在我们那儿，如果您不只是完成了任务，而且也许还很快，并且不声不响，那您就是愚蠢。"

"那么什么是聪明的做法呢？"

"就是要把任务完成得大张旗鼓、轰轰烈烈！谁要是想被人重视，就得懂得自个儿兴风作浪：要敲锣打鼓地为自己的项目招兵买马，要给它起一个正儿八经、像模像样的名字，每三天召开一次会议，然后用会议记录炸掉半个公司。还要为此外聘几个专家当嘉宾。虽然费用很高昂，但却会是一个很好的噱头，活动举办人会因此收获很多荣誉和名望。"

"您有点儿夸张吧？"我问。

他拼命地摇头，说："正相反。前不久，一个同事要求一个在读博士生把自己的小课题扩大成博士论文选题。这简直就是扯淡嘛！他原本要做的，只是完善我们车辆的物流工作而已。这其实也就是一个星期可以完成的事情。而现在，等博士生做完课题却需要一年的时间。而我的这位同事还因为这个突发奇想受到了赞扬。"

"谁的赞扬？"

"领导层啊。内部通知上是这样写的：'这个介于经济和科学之间的合作，堪称预示未来的标志。'他们还随即就此事在当地报纸发了一篇新闻稿。"

"好一个广告！"

"或许是吧。不过在我们公司内部，那种毫无益处的妄自尊大像脓疮一样在蔓延。比如代理人最近引进了一个想法：'会议速配，结对咨询。'每个部门经理都必须在会上亮出一个定义清晰的问题。开会的时候，所有的与会者都面对面坐成两排，像幼儿园的生日会那样。每个人都用一分钟时间对另一个人描述自己的难题。"

"然后呢？"

"第二分钟由对方给出建议。之后两人互换角色，继续同样的过程。最后，大家挪一个位置，跟另外一个同事重复以上全部的内容。"

"不过这听起来真的很有创意哦。这样各个部门经理的知识就互相有了交流。"

他扭曲了他的脸，就好像咬了一口酸柠檬一样："扯淡！我亲眼看见，要让我的顶头上司从手指里吸吮出问题来，有多么困难。真正的问题他是会埋在心底的，说出来只会削弱他的地位。再说了，一分钟的时间是无论如何也不会在门外汉那儿找到答案的。"

"那您觉得，为什么会举办这样的快速配对呢？"

"就为了发生点什么事儿呀。为了让头儿们可以大张旗鼓地宣布：'看过来，我们是有创造力的！我们总在做事！我们在勇敢顽强地奋争！'这样股东们也就不会再问：'为什么我们越来越被市场领袖抛在身后？'"

这次谈话过后几天，拉斯·奥佩尔把他公司的几份文件传给了我。我看了后，便不再怀疑他的描述。在他们那里，无关紧要被吹嘘成至关重要，小主张被炒作为大创新，明显不过的小不点成绩以大英雄海格力斯*的大行动出现。几乎每两个句子就会以感叹号标注。他们哪里是在通知，他们是在嚎叫。

身为疯狂公司的囚犯，碰到问题的时候有两种应变可能：要么不

---

*　海格力斯是希腊神话里的大英雄，宙斯之子。——译者注

声不响地解决问题，当然这不会带来任何荣誉；要么上演一场解决问题的好戏，最好分成好几幕，这样做才会有声有色——全部的注意力也都会集中到他身上。

要表演一个解决任务的过程，就需要有一定的戏剧色彩。首先要做的是，把现有的类似手指帽的小问题，吹嘘到珠穆朗玛峰的高度。座右铭：断路的山越高，铲平它的大力士就越强壮！

表演开始之前，得先为填满观众席进行大张旗鼓的宣传：这个即将拉开的战幕，要让尽可能多的公司同事知道，特别是让各级领导知道。最受欢迎的做法当然就是电子邮件炸弹。之后要做的，便是组织战斗部队。可以以项目小组的形式，召集一个危机管理小组。这个小组虽然不会亲自碰触断路山，却至少会决定铲平断路山的方式。

可惜这个项目小组有一个缺点：他的成员来自不同的部门，他们所追求的利益点自然也不同。虽然拉着的是同一条绳子，但所要去的方向却不同。他们说得很多，做得很少。谁要想成为项目中最大的赢家，谁就得在这场舌战中命中更多的目标。

当这场富丽堂皇的表演赛接近尾声的时候，那个实际上只是一个小问题的问题，常常更多的是自行解决了。然而项目小组坚信，是他们铲平了断路山。就这样，他们又一次地以最大的声势和耗费，取得了一个最小的结果。

---

§17 疯狂公司规则：在企业做事就像在马戏团表演锯人节目，不需要真的去做，而是尽可能让表演轰动，这样就足以让你成功。

关于马虎和掩盖

一个大型建筑公司得到了科隆的一个几十亿欧元的项目，承建一条南北外切干线，一条穿过市中心的新地铁线。然而这个项目并没有被做成地下工程，而是做成了地下败笔。在发生了震惊德国的事件之后，在地面忽然裂开，吞没了城市历史档案馆和两栋紧邻的建筑之后，有关部门展开调查，曝光了整个犯罪行为。

单单是在荷市场、市政厅、外德市场挖掘的三个地铁坑道，调查者就找到了28份伪造的测量报告。[19] 建筑工地的调查表明，在许多地方——混凝土方面、钢梁方面、必需的稳定性方面——都完全没有按照正规的建筑工作的规范做。比如，一个受贿的工头把用来固定坑道的钢架成吨成吨地运到了旧钢材收购商那里变卖。"一切皆非好工匠所为"，《南德日报》如此评价该丑闻。

这难道不是疯狂吗？工头冒着科隆市中心塌陷这样的危险，仅仅为了挣点废铁钱。一个公司要有怎样的文化，怎样的工作认知，才会让它的工人建造出这样一个纯粹的陷阱？在这件事上，他不仅将居民的生命，而且将公司的信誉置于危险境地。

可是从这样一个个别事件得出有关整个公司的结论，是否合理呢？工头不可思议的所作所为，难道就不会在一个风气完全健康的公司发生吗？这个论断理论上是成立的。可是衍生物——正如它的名字所透露的——通常是有根的，而且是靠深深扎入公司文化的土壤来吸取养分。

我们以钢架为例。钢架并不像牙签，塞进了马甲口袋便找不到了。在工地上成堆的人里，难道就没人注意到缺失了沉重的钢架吗？难道就没有经验丰富的人认识到塌陷的可能性吗？为什么他们中就没有人大声抗议呢？

　　还有，那些头头们，他们又是一种什么状态呢：他们和下属之间到底是一种什么样的关系，竟能让这么重要的信息没有传到他们的耳朵里呢？还是他们已经听到了，可是并不想听进去？特别要指出的是，是谁伪造的那些报告？谁又接受了那些报告？在那些节省下来的混凝土和消失了的钢架之间，又有着什么样的联系？

　　我们在这里遇到的，很可能并不是什么害群之马，也不是犯错误的某个人，而是一个病入膏肓、肿瘤转移的疯狂公司。这种可能性非常大，对于很多其他丑闻来说，也是如此。

　　每当我从媒体那儿听说一些轰动的事件，比如一个银行职员赔掉了一大笔钱，或者是员工受到他专横的上司的欺辱而自杀，我就会问我自己：这种个人的行为说明了什么样的集体呢？又说明了什么样的公司呢？在什么样的公司文化沃土上，才会有攀援植物如此疯狂地生长？

　　从众多客户的故事中我得知：哪里有疯狂行事的人，哪里就必有众多容忍疯狂的人。一些规则手册所禁止的错误做法，在私底下却是大受欢迎。

　　疯狂公司有什么特别效用？它能使囚犯们麻木不仁。心理学家称这个过程为"脱敏"。这原本是一种治疗恐惧症患者的行为治疗形式：害怕蜘蛛的人，必须让他不断地注视蜘蛛，然后抚摸，直到不再害怕为止。疯狂公司就是这样消磨员工们的疑虑和顾忌的。

　　一个为疯狂公司从事高危的或是违法的投机买卖的人，或许开始还会为他作出的某个决定的风险性而担惊受怕。然而最迟不会超过"试用期"，他就会克服所有的恐惧：因为上司期待的是百分之百的风险；因为潜规则是如此规定；因为他身边的每一个笨蛋都在操作这个生财工具。所以对他来说，从事这样的工作也很快就是一件简单而平常的事了。

　　世界名企西门子集团公司曾经表演过一场名副其实的贿赂闹剧。十多年来，西门子以数百万美元贿赂了世界各地的合作伙伴和政府部门。这个策略也给它带来了始料不及的副作用：西门子因此被人抓到了把柄。比如后来得知，一个前沙特阿拉伯"顾问"在2005年初接受了将近3500万欧元的天文数字的贿赂。只是这个疑似封口费的贿款，被谎称为补偿金。[20]

这些年总共有多少钱流向了贿赂和封口费？集团有多少人参与了这些行为？是谁赞同和批准的？又是谁付钱和入账的？当封口费事件曝光的时候，全部知情者和同谋都仿佛在空气中蒸发了一样。疯狂公司的草坪上，只有无辜的羔羊在吃草。昨天的行贿者，今天扮作了受害者。

疯狂公司这样的丑闻，使社会对遵纪自律及企业自我监督的呼声高涨。在美国，这种对大型企业的预防监管是必不可少的，为此特别通过各种严格的规定，如2002年颁布的联邦法案——"萨班斯—奥克斯利法案"。

监管原则：重要的决定要根据"四只眼睛原则"来作出，不兼容的工作要进行分解，关键岗位要轮流上岗，以便引导企业重新走上美德之路。自我监督的核心部分是"线索提示系统"。一个看到公司违法乱纪行为的员工，应该有一个可以举报、给良心减压的地方。

哈雷—维滕贝格的马丁·路德大学的一个研究表明，德国大企业对此的热情非常有限：只有44%的企业强制使用了这个自我监督，只有三分之一（34%）的企业有勇气引进"线索提示系统"。企业担心自己的职工不是保护它们，而是揭发告密(44%)。[21]

不过，一些疯狂公司的经理利用这个机会，树立起自己具有"批判头脑"以及公司文化"无限公开"的形象，并把遵纪自律项目作为自己的遮羞布。这一点在新闻报道中可以成为亮点，也可以引发股东们的信任。可是公司员工会怎么想呢？

大部分员工的说法与我从一个项目开发人那儿所听到的雷同，她服务于一家大型技术集团，他们两年前引进了一个遵纪自律系统。

"那真是无比的虚伪！我们公司运作得像一个家庭：发生在公司大

门里面的事，就必须留在大门里面；所有非常规交易的文件上，都必须盖着"绝密"的印鉴；谁要是做错了事，或者把自己部门的事传到其他部门甚至领导那儿去，谁就会以'内奸'的罪名被'乱石打死'。遵纪自律没有改变团体精神的任何东西。难道真的有人相信，公司会喜欢有人给它请来检察官吗？"

> **§18 疯狂公司规则：** 没有一个违法的公司做了违法的事，做违法的事的**总是**公司的某个员工。

4
形象谎言：
呵呵，真好，没人知道……

如果竞争对手衰退得比我们更快，那也可以说，是我们增长了……

所有疯狂公司都从事同一种手艺：形象包装。靠不住的想显得可靠，无所作为的想显得成功，疯癫的想显得理智。在这里您将读到：

- 幻想是如何被滥用为贸易的替代毒品；
- 为什么碌碌无为的公司要在纽约挂一个信箱；
- 为什么"裁员"听起来虽然比"自杀"好听，实际上却是一回事；
- 彼此仇视的经理们如何在室外培训的悬崖峭壁上成了好朋友。

哈哈，愿景

滑稽演员在企业演出时很不错：没有包袱可抖的时候，他只须引用一下公司的愿景，并且保持认真严肃的面部表情，那么观众的笑声就非他莫属了，因为大多数企业的指导思想都是**空话**连篇，甚至是**错话**连篇。说的一套，做的一套，两者间的鸿沟堪比美国大峡谷。

那么企业是如何确立自己的愿景的呢？是用形象而鲜明的话，写下他们的奋斗目标吗？他们敢于将自己**有意义**的梦想描绘下来吗？当今的企业愿景听起来还会像汽车先驱亨利·福特说的那样吗：

"我将为大众制造一辆便宜的汽车，任何一个有良好工资收入的人，都没有必要放弃和自己家人一起，在上帝赐予的广袤大地上，享受轻松、愉快的时光的权利……当我实现后，每个人都将买得起这部汽车，每个人都将拥有这部汽车。马匹将从我们的街道消失，汽车将成为最自然不过的交通工具。而我们，将会让众多的人拥有一份收入良好的工作。"[22]

这样的话早已成为过去，如今的愿景就像是出自同一个文字积木盒，蜂拥而来的是时尚的词汇，是诸如"创新"、"低成本"、"全球化"以及"顾客至上"等。那些"夸夸其谈"的话语实在是少得可怕。

这些官方理念最"动情"之处就在于，每每职员们看完，他们总是会爆发出笑声，因为再也不会有公司说"在上帝赐予的广袤大地上，享受轻松、愉快的时光"，而会说"优化顾客的收益"；再也不会有公司说"马匹将从我们的街道消失"，而会说"我们将为淘汰过时的交通工具作出贡献"。

可是与红腮帮子福特的愿景相比，这些经理们结结巴巴的话语是多么的苍白无力啊！语言折射出了内容上的空白。众多的企业已经堕落成为无情的全球化产品，或者是冷漠的利润机器。就好像它们欠员工的只是工资，而不是一个对因果关联、对"为什么"的回答。

每个人都想知道自己每天工作的**意义**。众多的公司都意欲翻番、成为市场领袖、提高创新比例。可是我认识的公司中，只有极少数愿意告诉我它们向这些方向努力的**原因**。而在福特的愿景里，任何一个四年级的小学生，都能读出更有价值的意义。

大部分德国公司的愿景，都装上了可怜的假肢，而把意义砍掉了。最狡猾的情形是：管理层并不自个儿想出公司愿景，而是把这个不可思议的任务交给了员工们。实际上他们该自己去寻找丢失了的意义才对。

我的客户坦娅·埃伯特（34岁）是一个项目小组的成员，他们要给一个有2000名员工的公司设计愿景。"那个公司的管理层曾经夸下海口：我们不需要广告公司的宣传词，我们希望自己的工作人员来设计句子。"所以，他们在公司内部进行了公开招标，要求全体工作人员提供设计方案。方案一旦被选中，设计者将会获得旅行券的奖励。

管理层预设的思路是吸引人的，他们要阐述和表达的愿景是："企业成就必然性的延续"和"员工和谐相处的不断完善"，尤其是后者。

然而几乎没人递交建议。

为什么反响如此微弱呢？因为在过去几年中，企业的氛围降到了冰点以下。公司新领导把老员工都提前打发退休了，空缺的职位一直没有填补，他们甚至希望那些剩下的员工把能被留下看作是恩赐。

尽管如此，当一个匿名的360度反馈显示出员工非常高度的不满时，公司领导都完全惊呆了。最为清楚不过的是，员工们普遍感觉老板在搞信息封锁。由此管理层希望今后可以更好地笼络人心。而让员工们设计公司理念，其实就是他们战术游戏的第一招。

可是最终得出的结论是：没有动力的员工设计不出有动力的公司愿景。坦娅·埃伯特说："所递交的建议像是音乐小调，所以最终还是必须由广告公司来设计。"员工们和老板一起，给广告人设计了几个阳光概念："开发未来市场"、"协调工作岗位"、"互助代替互斗"。撰稿人任凭想象驾驭一切。愿景于是听起来像是广告词："共同创造强大的未来，齐心抢占市场的尖端，领导、员工、客户，爱的三和弦！"

应该强调的是：这个公司无一和谐之处，这个公司也不存在领导、员工和客户的三和弦，爱更是无影无踪。这个广告词究竟道出了什么更高的含义呢？

我跟公司愿景打的交道越多，越了解公司内部的生活，我就越是坚信：大部分愿景都不是那盏指明公司实际操作和发展方向的航标灯，更多的是公司内心深处显然无法摆脱的桎梏。愿景只是行为的替代品。

在一个真正顾客至上的地方，没有人会想到把这几个字镶金写在墙上；在一个关系协调的地方，不必刻意强调和谐。如果一个企业正急于成为市场领袖，那么这个目标会清晰地存在于每个人的头脑里，而不必以愿景的形式提出来。

大部分远景都表明，口号和行动间存在着不可逾越的鸿沟。员工的鼻子每天都会撞上各种矛盾，所以他们会觉得，他们疯狂公司的愿景其实就是让人灰心失望的虚伪。对他们来说，有用的不是言语，而是实际行动。

公司愿景的秘密目标群体本来就是公司的外部观察者：顾客、合作伙伴和公众。谁要是点击了公司的网站，或是阅读公司的招聘广告，或是在报纸上看到公司的介绍文字，就很难逃得过公司的愿景。

让员工参与设计公司理念，常常是表面民主的无助行为。所以，如果目标（比如员工的"自我责任"）在日常生活中不断被各种阻碍物（比如上级的控制欲）所破坏，也是自然中的事。

为什么企业管理层不可以预设有意义的指导思想呢？提炼公司吸引大众的理念，难道不是一个富于激情的企业舵手的心头宏愿吗？难道亨利·福特应该让他的员工替他描绘富丽堂皇的愿景之图吗？

在这个问题上，我和美国经济学家及管理学导师瓦伦·本尼斯的看法一致。他指出，正如巨幅画作从来不是由一个委员会创作出来的一样，一群人从来就创造不出一幅远大的前景。[23]

案例：我们老板是如何把自己任命为"全球市场领袖"的

我们公司是一家特殊包装材料的生产商，目前遇到了一个非常大的难题：价格过于昂贵。因此，虽然我们有国际分支，却在全球市场上没有任何地位和影响。尽管如此，我们的管理层还是竭尽全力，粉饰公司的形象，以获取众多的赞助。

一天，高管们想出了一个极其大胆的主意。他们给我们的公司取了一个名字，名字的真正含义只有内部人才明白：全球最成功的××高端包装品生产商。翻译出来的意思是："没有人像我们这么贵，所以我们必须知足于最小的成就。"

这一文字表达被公司各类简介、招聘启事和形象广告所采用。才过了几个月，我的熟人就祝贺我在一个"全球市场领袖"那儿工作。我只能咧嘴傻笑。

贝思德·克莱因，采购员

---

§19 疯狂公司规则：如果一个公司知道自己想要什么，就会去做。如果它不知道，也不想做，那么它会设计一个愿景。

国际化童话

当一家时尚集团的股东们在股东大会上看到一部类似好莱坞出品的大片时，不禁有点儿目瞪口呆了。影片的主题很明确：公司国际化。

这家时尚公司似乎已经实现了董事会主席多年来不离口的夙愿：一次意义重大的冲出德国的国际化扩张。之前，公司主要是在瑞士和奥地利设立了分店，可那里的生意并没能在媒体方面获得所期望的国际反响，反而被嘲讽为"阿尔卑斯山谷有气无力的吆喝"。

管理层对此非常敏感。就像教堂最忌讳"地狱"一样，他们最忌讳的词语是"乡下"。这是因为，该公司位于北莱茵—威斯特法伦州的一个小城市，那里只有狐狸和兔子会因为迷路而互道晚安。

好在顾客们并没有料到，这样一个时尚公司会窝在一个怎样落后的环境里，而且还是一幢20世纪70年代的建筑。可董事会主席还是执迷于自己的国际化想法，希望借此给企业带来炫目多彩的包装。为此，他一次又一次地和广告公司展开探讨："怎样才能表现出我们的世界意义呢？"

广告公司给出的建议是："贵公司不是在巴黎、伦敦和纽约都有分店吗？为何不给这些分店拍个宣传片呢，即便它们是亏本经营。"

只是广告人在当地看到的，是三流的地段、二流的商店，店中还空无一人。它们的存在，不过是为了借大城市的名来显摆企业罢了。广告人抱怨道，没有梧桐树，哪得凤凰栖？他们需要的，不是在这些城市随意地开一个分店，而是要在有身份的地区开有分量的店。

于是，为了形象，企业特地在伦敦、巴黎和纽约最好的地段租赁铺面，开设新店。这一举措耗费不菲，因为所租的场地全都豪华宽敞，足以举办毕加索画展。

可惜的是，这个在德语区外毫无名气的时尚集团，在如此中心的地段设店也只能是吸引几位来自德国的游客。而他们一走进偌大的商店，就像蚂蚁爬进了足球场一样行踪难觅。这样冷清的店面，当然是不适宜做宣传片背景的。

广告人却自有对策。从群众演员中介那里，他们物色到了数百位顾客扮演者，并详细地告诉他们：该如何在商店里走动，该对哪些产品表示惊叹，该作出买多少产品的样子。

如此一来便万事俱备了：广告公司向纽约、伦敦、巴黎三地派出了摄制队伍。最终股东们在年会上得以看到，在这个星球的所有大都会里，时尚集团不仅都设有分店，而且备受欢迎，顾客多得简直都可以将店铺踏平。

真好，没人过问企业在这些国家的销售额，更不要说利润了，因为他们在当地收入的每一欧元，都付出了三四欧元的代价。因此这是个数额巨大的亏本生意。

一些疯狂公司，特别是那些不起眼的企业，费尽心思地想要挣脱本国的局限，走上国际化经营的道路。比如我认识的一个广告公司，它只是在纽约拥有一个生了锈的邮筒而已，却把这邮筒美化成公司设于美国心脏的第二地址。

潜藏在这种疯狂背后的病症，叫做"巨人瘾"：从小地方走出来，跻身大企业行列。一个把法兰克福当作公司地址的人，要面临人们把他的公司和香肠、堵塞的高速公路交叉路口，或者水平平庸的足球俱乐部联系在一起的危险。而谁要是把法兰克福/纽约写上公司的大旗，就能一举跳出狭隘的本土，飞越大西洋，扩散到全球市场中。

只是有一点引人注目：德国真正的全球市场领袖，那些隐蔽的中小型企业冠军，都定居在偏僻的、有着响亮悦耳名字的地方，如尼斯特塔尔、诺科尔施，或者魏德马克。这些企业明白一个道理，那就是：它们的成功并不取决于公司地址，而是与产品质量以及顾客满意度紧密相关。就像大思想家伊曼努尔·康德，他从未离开过闭塞的哥尼斯堡，却研究出了震撼世界的哲学思想。无数的德国公司也在一些小地方研制出了世界领先的产品。

纽伦堡的魏斯曼与齐尔企业咨询公司的一份分析报告证实，德国有530位隐蔽的冠军。这些中小型企业有一半以上位居人口少于五万人的偏远小地方。全球市场领袖最密集的地方在拜仁州和巴登—符腾堡州，在那里，一百万居民中就有十三家著名企业。魏斯曼与齐尔认为：这些企业在小地方被刮目相看，它们能招到素质良好且忠实的员工。[24]与此相反，如果是在大城市，它们很可能就被埋没了。

很多成功企业可以放声高唱乌多·于尔根斯的一首歌，而所有期待成功的公司却不会低声吟唱："我还从没到过纽约"。

> **§20 疯狂公司规则：**正如一条狗走过斑马线会变成斑马一样，一个乡野小店如果搬到了世界级大都市，就会变成世界集团。

培训的谎言

彼得拉·西格尔（34岁）曾经被她的新雇主——一个天然美容品的制造商——的理念深深打动："别人只是讨论员工的培训和深造，我们是去实践它，快速而独特。"这样（或者是类似）的口号被发表在公司的网站上。而人事经理也在面试的时候说过："对于我们来说，员工的发展要远比产品的发展重要得多，因为产品被我们销售了，而员工却被留下。"

真不错！这样让人成长的公司文化，的确是生物学者彼得拉·西格尔想要的。她的前一任雇主让她不满的地方就在于：只有在员工遇到问题，而且实在是火烧眉毛的时候，上司才会批准他的进修要求。此外，如果所谓的进修只是学习一个特定电脑软件的使用方法的话，那么这和个人发展又有什么联系呢？这样的进修就好比扫帚，上司将它塞到员工手里，让他们把院子打扫干净。事后，扫帚也就没用了。

彼得拉·西格尔将个人发展看得很重。她本来是准备继续深造她的专业——营养科学，并攻读博士学位的，可是，因为提前建立了家庭，她不得不为了挣钱而放弃学业，加入了美容品行业，并一步步地达到了收入丰厚的产品经理的位置。

在新公司，她希望自己可以进一步深造，以实现从中层升任高层管理人员的目标。这个愿望她在面试时也公开表达过。因此，如果她现在业余就读一个"领导学基础教程"，难道不是非常有意义的事吗？

在试用期快结束时，她向上司提出了这个建议。上司脸色一变："我觉得您一定是误会了。我们虽然支持员工进修，但我们也希望看到这个培训课程和您的工作有直接联系。而您现在是产品经理，不是高管。"

"可是提前计划和准备一下难道不好吗？您不是在面试的时候说，我有望数年之内升职吗？"

"是的，所以我们也只能是数年以后才谈高管进修项目。"

彼得拉·西格尔隐忍着撤回了申请。几个月以后，她壮着胆子再次提及。这次，她找到了一个项目经理培训计划，很有意思，而且与她的工作有明显的联系。然而上司的反应还是很冷淡："或许我们该等您工作一年期满后再说。其他同事等着进修已经等了很久了。"

"好吧。那接下来的几个月您派个导师到我身边，一起搞那个大型项目吧，怎么样？这样有利于我协调几个小组成员的工作。"

"导师？这样的待遇只有等您升为高管以后才能享受。"

"可是面试的时候不是说，这儿的进修又快又独特吗？"

"您看过我们的图书馆吗？那里有很多有意思的书籍，有关于领导艺术的，有关于项目管理的，几乎所有的话题都有。"

这个"图书馆"还真存在，不过只是三个布满灰尘的书架而已。那里的书，也只是些陈旧不堪的标准图书和经济法规。它们以犹如儿童图书的风格，回答了高管可以从积极的卖鱼人、机智的老鼠或者清洁工身上学到什么的问题（见本书第136页）。这样的读物根本不符合在学问上甚有抱负的彼得拉的水平。

八个月后，她总算得到了她的第一次进修机会。那是一次产品介绍会。美容品生产商用几个钟头的时间，向大家现场展示了产品宣传片。活动的高潮部分，是化妆师给每位与会者化妆。这次培训就像一次观光郊游，以众多的广告宣传为佐料，绝不是那种能够促进个人发展的进修课程。

在此期间，彼得拉·西格尔从同事那里得知，公司高调宣扬的所谓进修机会，80%都是这种形式的产品介绍，还有20%由高管们自己分享。比如公司曾经为一个五人高管小组请来了辩论指导，按照网站的说法，该指导每天的薪水是五位数。

这是一个典型的等级社会：高管们是进修活动的贵族，其他员工被视为农民，只能接受"假培训"的敷衍。彼得拉·西格尔从助理那里获悉，公司之所以限制高水平的培训活动，也是因为不想让员工们的求职资料里可配备的"料"太多（就像一位高管据说在例会时说过的那样）。

这类担心并不仅仅是这家天然化妆品经销商才有。根据市场研究机构"弗瑞斯特研究"的调查，62%的德国公司害怕员工会在进修以后转投竞争企业。作为对比，英国有这类担心的企业占27%，法国只占9%。[25]

那么进修的结果究竟如何呢？难道让自己的员工保持愚笨就是聪明的做法吗？难道不是每个人都想努力提高自己吗？那些给员工提供了更多学习空间的企业，难道不是因为如下原因才比市场更领先一步吗：（1）它的员工更了解产品和市场，也更有积极性；（2）这样的工作条件更能吸引顶尖人才。

事实上德国企业很明白，它们的进修项目在劳务市场上有着巨大的吸引力。根据佛萨研究最新的数据，9%—10%的职员认为，培训进修计划会给一个公司带来积极正面的影响。[26]

结果，越来越多的疯狂公司将自己描绘成进修的乐园，即便它们并不是。它们以这种欺骗的手段来赢取人才争夺战的胜利。可是胜利只是暂时的。新员工把公司对外的宣传视为承诺，视为**精神**合约的根本，并要求公司在日常工作中严格遵守。

　　一个在（含蓄地）承诺过的培训问题上感觉受骗上当的员工，会以同样的手段对他的雇主进行报复，这就是所谓的"一报还一报"。他不再将全部精力投入工作中，而是将自己的绩效**也同样地**打折。一个在培训问题上欺骗了员工的公司，最终损害的总是自己的利益。

案例：我是如何成功收买培训师的

　　我们公司提供丰富多彩的培训项目，但是大部分的课程都和实践无关，参加学习也不过是为了拿个证书罢了。负责课程的是外聘的培训师。培训结束后，学员们必须为他们打分。好的分数意味着他们会继续受聘。

　　这种情况让我和我的同事们想到了一个主意。在一堂特别无趣的课上，我们拉住培训师，和他进行了一场推心置腹的谈话。我们要求他中午就提前结束星期五的课程（原计划到十六点），并暗示这样做会有利于他的分数。培训师虽然有些犹豫，可是当全班以高分吸引他时，他也就同意了这个交易。

　　这个做法很快在学员甚至教员中传开了。如今，大部分八小时培训最多六七个小时就结束了，基本上是早上开始得晚，中午休息时间延长，晚上提前结束。

　　这些得分很高、听起来像教学天才的培训师，一而再再而三地得到了人事部的聘请。实际上，他们却是下班最早，工作也最轻松的人。

拉尔斯·格吕纳特，分析师

---

§21 疯狂公司规则：说公司反对培训是不对的。它们只会反对那些要付钱的培训，还有那些让员工离开岗位的培训。

野外培训营

人事服务公司的中层领导们收到了一份邀请，它来自最高层：疯狂公司的老板。他大张旗鼓地召集各部门经理参加一个"团队组建行动"，这个行动的标题看起来就像来自旅游公司的宣传海报："高管独一无二的巅峰体验"。

被邀请的人都胆战心惊。他们过去不是经历过老板滥用培训做冒险游戏吗？他们不是曾经指南针也不带就横穿梅克伦堡的茂密丛林，结果迷路了吗？他们不是在阿尔卑斯的溪流里徒手抓过鲑鱼吗？所有这些活动，虽然幼稚愚蠢得更像是"儿童假期娱乐"活动，却被老板冠以"团队建设"的美名推出。

这支团队真的是崩溃到需要重建吗？当然需要！不断有同事在竞争中发生冲突。是疯狂公司老板煽动起了这一对决。比如他会扔给雇员一个有趣的项目，说："请统一意见，看看谁是最有资格做这个项目的人。"然后便饶有趣味地观赏两位项目经理如何开始争吵。或者他会公开地将一个经理塞给另一个做榜样："你应该向米勒先生学习……"这样做的结果就是，被表扬的人往往遭到其他人的嫉妒乃至仇恨。

这样的相处方式造成了竞争压力，也造成了明显的尔虞我诈的心态。每一位经理都极尽所能地引起老板的注意。与老板私人谈话，比接受教皇的接见还要受欢迎。无论老板何时把他的下属们请来，都能很消遣地观赏到，他们是如何幼稚地一争高低。

任何一位经理做梦都不会想到和他的同事分享自己的学识。即便哪一次真的给了同事一个提示，也至多是告诉他如何走向失败罢了。

这样的企业文化是公司老板一手打造的。可正是他，那个冲突发起人，正在出演"和谐部长"的角色，邀请大家进行"团队建设"。

我的客户阿尔诺·特韦尔（51岁），给我描述了那一次"高管巅峰体验"："我们必须攀登一座瑞士山峰。那不是一般的走山路，而是一次真正的在山壁上进行的登山。"

"不危险吗？"我问。

"不危险。就像是在攀岩公园一样，而且有专业人士在场。水平最高的一位是登山教练员。他们用绳索保证我们的安全，只不过那也只是为了防备万一。我们的第一个任务就是，我们必须相互支持和保护：比如固定钩子、打听路线、在山壁上互相沟通和理解。"

"所有的高管都擅长运动吗？"

他冷冷一笑："当然不是！我喜欢跑步，长得瘦而且灵活。可是我的一个同事非常胖。我甚至觉得，如果他打滑了，绳子非断不可。"

"那么在山壁上的情况到底怎么样？"

"那真是一场极其虚伪的表演。每个人都装出很关心他人的样子：'我怎样才能帮助您上山呢？'暗地里，每个人却都巴不得别人做错什么，然后掉下去。这里有一个象征性意义：只有一个人能爬上去！其他人嘛，干瞪眼吧。"

"您那位超重的同事坚持了多久？"

"才爬几米，他就像头猪一样直冒汗。后来不知什么时候，他开始呻吟：'我不行了！'当然，整个山谷里回荡的是：'我们怎样才能帮您？'可当他请求我们中的一位陪他下去的时候，周围便是一片奇怪的寂静了。每个人都指望着教练去做。"

"后来呢？"

"一个职业登山员陪他下了山。"

"同事们这样的举动，后来受到批评了吗？"

他使劲地摆摆手，像是要赶走一只讨厌的蚊子："没有，没有。教练也不想把他自己的"巅峰体验"说砸了呀。那天晚上，他在老板面前把一切都描绘得异常浪漫。他说我们证明了彼此之间的团结合作是很棒的，强的帮助弱的，毫无畏惧地爬上了市场的巅峰……"

"这不是在撒谎嘛！"

"当然啦。不过您觉得我们的疯子老板想听什么呢？难道说他自己整出了一个独一无二、危机四伏的地方吗？或者告诉他，如果哪一刻四下无人，他的手下会互相将对方推下随便哪个悬崖吗？"

"所以教练只表扬了你们？"

"也不是。他指出我们在几个小的方面非常自私。比如他发现，每个到达顶峰的人要做的第一件事，就是掏出手机给家人打电话，却忘了与同事交换彼此登山的感想。"

"那么这件事最后是怎么处理的呢？"

"那就是决定半年之后我们再来爬一次。教练员一定得到了不少收入，所以也难怪他会争取再爬一次。"

"巅峰体验"的照片当然被当作冒险史刊载到了企业内部刊物上，为的是让人们看到，公司在尽一切努力，让高管们凝聚在一起。

这样的高管历险培训，就像来自远方荒野的最后一声呐喊，在城市办公大楼里出尽风头。谁要是在网上调查的话，会发现众多这类培训班。比如有卡尔·迈[*]也一定会玩得很开心的经理人室外训练（www.outdoorteam.de）："野外训练的重点，是建设营地、篝火、野炊、搭建索桥以及……。那些经典活动，如攀索下山、制作筏子、辨别方向等，也都可以加入培训内容。"看到了吧，攀索下山也在活动之列。

不过还有比这更厉害的。另一个培训班（www.outdoor-leadership.com）开设"雪地野生动物园"培训，内容包括"建造雪洞"、"进入冰窟"与很可能是高潮项目的"和搜索仪竞赛"。最后一项，你们很容易想象到：一位经理人被雪崩埋在雪下几米处，他的同事们开展了一场激烈的搜寻比赛，看谁先找到被埋者（当然实际情况一定是：因为同事们缺乏合作，被埋者在此期间不幸冻死。）

为什么越来越多的培训课成了户外动作剧的剧本？为什么同样一位疯狂公司老板，在公司内部以节约部长身份出现，在这样的培训游

---

[*] 德国著名探险小说作家，1842—1912。——译者注

戏场却会挥霍上万欧元？

在与客户的谈话中，我听出了两个原因：其一，老板希望有一个无懈可击的无罪证明。一个在平时播种了竞争思想这棵毒苗的人，会转瞬间给自己罩上"企业心灵治疗"的光环。他热心地预订不同凡响的团队培训课程，以便让"公平、和谐以及永远的和平"常驻公司。通过这样的手段，偷菜吃的山羊成了辛勤的园丁，激发矛盾的老板成了创造和谐的人。

其二，培训方案对于他的审批者来说，是一种身份的象征。谁要是审批通过了一个在常规酒店进行的常规培训，谁就只配得到经理们的哈欠。与此相反，谁宣布培训会是"雪堆搜人"、"冰窟探险"或是"攀登悬崖峭壁"，谁就会被他的工作伙伴们热捧，就像讲童话故事的叔叔被孩子们念念不忘一样。谁审批通过了一个不寻常的、独特的培训活动，谁就会被视为不寻常而独特的人。特别是创意行业的疯狂公司老板，他们用此类培训活动装饰自己，就好比用网球赛奖杯装饰自己一般。外部赞叹的眼光起着决定性的作用。

要问团队的学习效果吗？它不是从悬崖峭壁上掉下去了，就是被埋在了雪崩一般的培训课里。

> **§22 疯狂公司规则**：户外培训的特征是：没有人会在室内闷死，可是人人都有可能被自己闷死。

死于消瘦

您得注意一下，每到春季，女性杂志中哪个话题最占优势？当然是瘦身减肥啦。同样的话题也是德国企业所热衷的。只是它们减的不是多余的体重，而是多余的人手，而且全年有效。因为德国企业以彻底而著名，所以它们可以节食节到厌食。它们最终所关心的不是顾客，而是每个连环杀手的典型问题："怎样才能让受害者尽可能无声无息地从这个世界上消失呢？"

疯狂公司扫除任何阻碍它们狂热瘦身的东西。对员工如此，对整个部门也如此。公司不介意将自己的心脏——人事部门——从自己身体中移除。甚至是否让一个陌生的公司接手人事，掌握自己公司的未来，也完全无所谓。

一个最不引人注意的消除员工的办法是：辞退老龄员工。我曾关注过德国北部一个集团的例子：管理层想方设法排挤、清除五十多岁的工程师。这些人一个接一个地走了，最好的结局是提前拿到了退休金。董事们为公司员工的年轻化以及员工人数的缩减而骄傲。

只是他们忽略了一个细节：那些年长的工程师并不只是退休了，他们也带走了无价的经验。他们历经几十年，参与完成了数百项产品的开发，对错误来源有异常的敏感，并能调整他们的进程以完美地符合单一顾客的要求。

当集团认为他们减掉了赘肉的时候，他们实际上失去了骨髓。下一次产品开发的时候，严重的问题便出现了。齿轮不再契合，时间估算错误，人员配合不够，再也没有人会说老客户那样的话。

直到一个重要的客户再也受不了这出木偶戏，要挟退出的时候，管理层才拉开了救生伞索扣。他们联系了几个退休的熟手，即那些刚被排挤掉的人，以顾问合同吸引他们重回公司。瞧，一切忽然又恢复了正常……

不过这样的疯狂策略当然是要付出代价的。那些受到伤害的老员工，不再满足于他们原有的薪水，而是让他们的上司支付一大笔钱作为弥补。公司减肥成功，却再一次付出了高昂的价钱。

案例：一个本应加强平等的条例，是如何让我失业的

我和三个女同事组成了一个服装加工公司的人事部。2006年平等法规（AGG）出台的时候，我们向上司提出了申请，要求参加这个法律问题进修班。我们的申请理由是："公司招聘启事中一句错误的话，或者面试时一个错误的问题，就足以被落选的应聘者告上法庭。"

该法律是这样规定的："任何人不应因为人种或种族来源，因为性别、信仰、世界观、年龄、性取向或者身体残疾受到歧视。"因此，如果今后在招聘启事中将招聘的理想人选定义为："年轻"、"生活经验丰富"、"机动"或是"操母语"等等，会是一件很危险的事情。

上司听了我们的汇报，脸阴沉得像暗房。他承诺会考虑"后果"问题。我们都有一种不安的感觉。

两周后，事情果然变得很糟糕。上司让人传话来，整个人事部年底将转交给一个人事服务公司。他声称是"出于效益的原因"。其实他这样做，是要解决新法律条文给他带来的风险罢了。

我们都非常不知所措：我们的进修意愿和对后果所作的诚实说明，都被他无耻地用作清除我们工作岗位的理由。我们真应该闭嘴啊！

玛丽亚·阿默尔，人事部经理

§23 疯狂公司规则： 公司实施节食计划，制作减肥餐的大厨是不会减重的；被减的，只能是那些盒饭吃的公司职员。

施勒克的花招

一些疯狂公司发现了一条转让员工的路径，工作人员并不直接被企业聘用，而是通过另一个小型公司。这个小公司起着挡箭牌的作用：它将工作人员在一定的时间内转让或者租借给有需求的公司。

于是，公司里就出现了那么一个并不是公司员工的员工。只有认真观察，才会发现其中的区别。比如，这些被转让的员工，大多有着和正式员工不同的邮箱地址。这也等于给"转让工"盖上了二等员工的印章。其实公司也正是这样对待转让工的，比如工资。

日用品连锁店施勒克在这一方法的启发下，想出了一个主意：它首先关闭了800间小商店，让数百名员工失业。然后同样是这家企业，刚才还出于"经营状况所决定"的原因辞退了员工，转眼间又发动了开工马达：新的"XL"超市如雨后春笋般从地下冒了出来，优先考虑的地点是从前分店的附近。[27]

员工很快就招到了。施勒克公司提议刚刚被辞退的员工们到新企业里扎根。这件事的陷阱在于：聘用合同并不由施勒克公司提供，而是由临时工公司曼妮亚提供。而方便的是，曼妮亚当时的领导正是施勒克从前的一位经理。

施勒克的时薪为12欧元，到了曼妮亚便跌到了6.5欧元。圣诞补贴和假期补助像过眼云烟般挥发了，假期也被减少到法律规定的最低标准。

在这个新公司的标志下，员工们获得了一个与他们的旧岗位几乎毫无二致的新工作——除了被大幅度缩减的各种款项和福利。

对于这样的行为，施勒克的老板安东和克丽斯塔·施勒克夫妇其实很熟悉。12年前，法庭就曾经对这对夫妇处以10个月缓刑和100万欧元的罚款。因为那时候，他们支付给工人的工资也低于法定工资标准。[28]

一个新的骗局？"不"，企业这样说，这样做完全是"考虑到员工们的利益"，是为了降低成本，以便"创造宝贵的工作岗位"。至少降低成本这点无可否认。

施勒克因为公众舆论的压力，最终停止了这种行为。联邦政府部门也对施勒克的"转让工"行径厉声谴责。可是政府的疯狂部门有时也有所保留：它们自己的转让工人数也上升得很快。2009年几乎曾是上一年的两倍：1343人。联邦政府并不愿透露这些转让工的工资情况，据说不是出于羞愧，而是出于保护私人数据方面的原因。[29]

通过子公司狂砍工资的办法很快就传播开了。单单德国铁路局就成立了15个子公司，以降低成本。邮政局也和杜塞尔多夫的一个叫"第一邮件"的子公司眉目传情，因为它们的职工所领取的，并不是邮政局的标准工资，而是国家工资标准里的最低工资：每小时9.8欧元。

单单是概念就已经让人看透一切。员工被"租借"和"转让"，就像租借汽车或者电钻一样。原本是一个人，却通过租借和转让，成了商品和工具。

这种诋毁在公司里无处不在。我在一些公司的食堂吃过饭，它们的饭菜分两个价格档次：一种是给固定员工的，一份烤肉排价格是4.99欧元。而另一种则是给转让工的，每份肉排6.99欧元。还有在工作时间、休假天数、社会福利、企业权力等方面，转让工就是现代的奴隶。

企业的野心在于，那些出现在工资单上，要求社会福利的正式员工越少越好。最受欢迎的是耐用的借用资产，它们能承受这样或那样的打击。这种感觉每个人在租来的车身上都体验过：人们对待它比对待自己的车要随便多了。洗车、保养、维修？没有的事儿！同样，在人事问题上，比如进修，借用工常常是想都别想。固定工走路，借用工挨踢。

　　疯狂公司并不只是瘦身，而且很病态。这一点，只要看看他如何对待自己最珍贵的财富——员工，就知道了。

---

§24 疯狂公司规则：转让工有三个优点——可以随时得到；可以随时辞退；薪金、社会福利和进修方面的问题，可以让他们自己搞定。

5
狂热集团：超大号疯狂

如果能更看清楚眼前，我宁愿放弃远景。

在集团里，一切都要大一号：销售额、楼房、官僚，当然还有疯狂，这种疯狂以XXL的超大形式到处可见。在这一章里您将读到：

- 为什么集团总部认为它的分支机构非常愚蠢（反之亦然！）；
- 为什么集团的进程比卡夫卡的小说更为残忍？ *
- 并热是怎样将戴姆勒推向洗衣机的收购的？
- 为年底没有纸张和纸张预算后，集团员工们想出了什么办法来解决？

诡异的总部大脑

有一次，一个大型零售集团的经理人这样对我说："总部是我们公司的大脑。"这句话流露出了一份恰如其分的骄傲。可是话要是反过来理解，无非就是：分支机构都是**没有大脑的**！它们就像人的手臂，吊在公司身上无助地晃荡，直到总部中枢器官告诉它们按哪个把手才行。

任何一个德国的集团总部都认为：为分支机构**承担**责任，是自己理所当然的任务。换句话说，它们剥夺了分支机构自己的责任。它们希望分支机构都是毫无怨言的副驾驶，手必须离开方向盘。

即便副驾驶只是喊了一句"障碍，小心！"总部也会大为光火。它们自视为如此"能干权威"、"无懈可击"、"高人一等"，所以不允许分支插嘴打岔。它们的方针路线如同一枚钉子：只进不出。

在德国，每个总部都是一面耶路撒冷的"哭墙"：分支机构的员工们对产品缺陷发出抗议，对脱离实际的经营策略提出警告，在销售额下降时发送SOS求救信号，对客户的不满和抱怨给予传递。可是所有这

---

* 此处指卡夫卡的小说《审判》。Prozess在德语中兼有"进程"和"审判"的意思。——译者注

一切，都被"哭墙"反弹了回来。

在总部看来，分支机构是低矮笼统的深谷。分支机构的负责人被讥讽为"乡绅野老"，他们被视作狭隘的怀疑论者，急需治疗的幻想症患者以及总部方针路线的忠实走狗。

我听分支机构的员工说过不知多少次，他们的主要任务就是把总部造成的损失降到最低；那些坐在总部掌控方向盘的领导，已经多年不曾在分公司露过面，也不曾与任何顾客交谈过了。

这种情形常常会引发"事件"。如某零售分公司的女经理描述过这样一件事：总部曾引进了一款零售新品，也就是数码相机。这种相机因价格便宜而销量骄人。然而后来有越来越多的顾客怒闯商家，因为"全部的照片都报废了！"那些独有的瞬间，如新生入学、假期，永远都丢失了。顾客们自是怒不可遏。

女经理认为有责任警示总部，然而她的去电却被总部以相机畅销推脱掉了。当抗议声浪越来越高涨的时候，女经理给总部写了一封信，警告公司再这样下去将会失去顾客的信任。

上司邀请她到总部面谈。整个面谈过程让她非常惊讶："上司咬牙切齿地警告我：'不要扮演罗宾汉了！难道对您来说，几个顾客的抱怨比公司的利益更重要吗？您忘了是谁给您发工资的！那个相机销量好极了！'"

女经理指出，重视顾客的需求事关公司利益。上司冷笑道："您这么理解您的客户，没准是因为您在那个分店待得太久了。我们应该考虑一下调动的事了。"女经理是个明白人，于是她只好保持缄默。

两个月后，一家专业杂志刊登了一篇对该相机的批评报道，总部一夜之间做出了反应，将全部相机下架。记者的看法得到了重视，而自己分店的抗议却遭到蔑视。

总部拍板的经典案例，要数德意志银行的一个主意了：20世纪90年代末期，德意志银行将一部分零售业务挪到一个类似"穷人内部储蓄所"的机构，也就是"德银24"。总部认为，今后公司的核心业务无论如何还是会集中在企业客户和富裕人群身上。

法兰克福的总部忽视了一个小小的事实，实际上众多的分支机构都给它指出过："如果我们把客户变为二等客户，并把他们推向一个内部的二流机构，那么他们一定会很不爽。这样很可能会给公司带来麻烦，造成形象损失。"

总部的头头却漫不经心地忽略了这些担心。于是，正如分店员工所料，该来的一定会来。愤怒的呐喊响彻全国，许多客户取消了账户以示抗议，德意志银行的形象一落千丈。直到损失造成了很久以后，总部才做出了让步。

德国基督教民主联盟（CDU)在北莱茵—威斯特法伦州的竞选，为我们提供了傲慢中央集权制的一个独特例子：该州党和政府领导人吕特格斯的办公总部——也就是州长办公厅——认为很有必要用多余的公关电子邮件去轰炸它的分支机构——也就是CDU议员们。这项工作需要很多时间，而人们大可将这些时间投入到急需时间的竞选中。一个CDU议员鼓足勇气向总部指出了这个问题。

由此他招来了总部首脑的大动肝火。州长办公室的领导，吕特格斯的密友鲍里斯·贝格尔，给他的手下写了这样的评注："谁给他打个电话，告诉他，他是我们党内蠢得不能再蠢的议员。"[30]

集团总部就是按照这个模式来做出反应的。谁作为"分支蠢货"说出自己的看法，谁就会被当作"碍手碍脚的人"。从来就不是总部的决定愚蠢，愚蠢的总是对总部决定的抗议。

随着时间的推移，分支机构变得越发麻木和迟钝，它们明白了总部的（错误）决定就像天气一样无可逃避，它们也不再关注"哭墙"的存在，而是转向沉默。埋葬动力的墓园如死一般寂静，总部却把这看作是好兆头，误以为是副驾驶默许了自己的方针和路线。

难道疯狂公司分支机构的员工都是些有头无脑的脑残么？当然不是——即便他们的脑袋主要并不是用来思考的。那又是用来干什么的呢？用来对总部摇头啊！

案例：为什么我朋友的台灯一直不亮

有一天下午，我的女同事贡达发现她写字台上的台灯不能用了。她想从秘书处取一个灯管，结果有人告诉她："我们部门这方面的预算用完了，以后照明用天花板上的灯就够了。"这件事和总部专门为我们系统发布的一个节流方案有关。

所以她现在只有一个灯管可用。一开始她想过自己另买一个灯管，可因为赌气还是放弃了。她把台灯转送给了同事维尔纳，因为他在集团另一个部门工作，那儿的预算被公认为还算宽裕。

不想维尔纳从物资供应部得到了令人瞠目结舌的答复：他们不能只给维尔纳采购个灯管，因为他从来没有需要灯管的记录。不过他们可以给他采购一台台灯外加一个灯管。维尔纳非常愉快地接受了这个建议，并把台灯还给了贡达。贡达再三犹豫是不是该扔掉那玩意儿。可是谁知道呢，也许这样做又违反了集团某条官僚的纪律！

丹尼拉·米勒，法律工作者

---

§25 疯狂公司规则：总部无所不知，无所不决。非总部所知所决之事，大脑一概不予收录，只须视作下属机构之幻觉即可。

程　序

"一定是有人中伤了约瑟夫·K.。"弗兰茨·卡夫卡在他幽灵般的小说《审判》（Der Prozess）一开头就这样写道。男主人公K，在他30岁生日的早上被捕，并要被带上法庭。问题是，没有人可以告诉他，他到底犯了什么罪，法庭将根据哪一条法律对他进行判决以及他该怎样为自己辩护。整部小说都围绕着一个主题：主人公想方设法与法庭取得联系，但从未完全克服官僚主义的重重障碍，也从未看清控方的真面目。

Prozess这个词，在德语里有两个含义。一个是指审判，另一个是指特定的过程、程序。前者可让人终身监禁不得自由，后者可让人终身陷入官样的繁文缛节。两者都能让人受尽折磨。这点罪犯们清楚，集团公司的职员们心里也明白。

许多公司能把每一个比贴邮票复杂一些的过程塞进"标准化程序"这样的紧身衣里。就拿采购原材料来说吧，原则是这样的：即使是再普通不过的需求，也要按疯狂公司老板规定的步骤去做。对于员工们来说，其他的方式和途径都是行不通的。

从前像打个电话给供应商这样简单的小事，现在却成了一连串复杂的办公程序。为了合乎程序的要求，疯狂公司的员工们忙得不亦乐乎。首先要做的是，他们得解释采购费用由哪个部门承担，而那个部门的预算是否还充裕。如果不充裕，那么麻烦就大了，特别是遇到紧急采购的话。

第二步可能是，员工在系统中输入预算申请。几乎像在法庭上的被告一样，他必须说明为什么要做这件事，虽然这件事情他一直都在做：支出公司的钱，采购必需品。

如果走运的话，系统会接受这个申请；如果不走运，那么申请会被拒绝——或许是因为他所填的供货商在全球标准化进程中——大致是出于缺少资格证的原因——已经不再被认可；也或许是因为他的采购量已达到了新设的上限，再要么是因为昏昏欲睡的女秘书输入他的姓名时打错了一个字母，以致他的名字永远消失在系统的黑洞中。

我的一位客户是一家汽车企业的采购员，他对我讲了如下的故事：他和同地区的一个汽车零配件供应商合作了多年，后来采购程序被总部重新定义，许多服务和产品都必须从固定的大型供应商那儿获取，每一个不在名单上的供应商，都不在合作范围之内。

我的客户报告说："这真是一场悲剧。因为对我们来说，我们和那个供应商已经合作了多年，拥有最棒的体会和经验；而对供应商来说，他们的整个公司全靠我们的订单在维持。"

可是新设的程序没有考虑到例外情况。我的客户提醒了专业领导，领导于是给总部打了无数个电话。然而每一个跟他通过话的负责人，都举出另一个负责人的名字，用以说明这位负责人也不会同意违反规定去做。事情看起来就像是跑步撞向橡皮墙一样，弗兰茨·卡夫卡一定能从这样的场景里找到乐趣。

最后只通过一点儿技巧，还是把这个采购申请解决了，不仅遵守了规定的程序流程，**还**智胜了它：原来的那位供应商并不像从前那样直接拿到订单，而是另外通过一个在集团认证名单上的大型供应商。大供应商起着挡箭牌的作用，将订单转包给小供应商，让它去做十多年来一直都在做的事：向集团供货。

整个过程既耗费时间又考验耐心，而且因为中间商参与分享利润，导致服务一下子变贵了。然而系统介意的并不是价格，它只看重合适的供货商。

这就是官僚主义要求的典型特征：疯狂公司越是想把它的囚犯捆紧扎牢，囚犯们就越有办法对付这些规定。这种官样程序只会招致偷奸耍滑、弄虚作假的肮脏交易。

企业外勤也是这样。从一些经销商处我得知，他们在销售上花费的时间越来越少，但在销售预测、报表、官僚要求上花费的时间却越来越多。这一切当然都是因为程序。

一个最大型消费品制造商的销售代表是这样描述这一后果的：我们没有选择，必须按既定计划提供这份电子表格。如果计划必须要某个产品占总销售额的30%，那就让它占到30%好了。实在不行，顶多去除某个次要产品以降低整个销售额。反正从佣金来看，那个次要产品也不值得做。只要比例合乎要求，能达到官僚们的要求就行。

这真是匪夷所思：经销商为集团创造收入，却被程序的绳索所羁绊。这就好比让一个足球前锋不只是射门，还要同时记录他的跑步线路、射门技巧和射门命中率。我可以打赌，这种做法最终导致的必然是射门卡壳。

还要考虑到的是：所有的销售人员之所以选择了这个行业，大多是因为不想俯首文案，置身官僚事务，而是更愿意和客户打交道。可就是这样一种源于内在职业快乐的动力转轮，却被疯狂公司管理层扔进一根官僚主义的棍棒。他们竟还指望借此让员工们创造出更好的销售业绩。

疯狂公司大部分的程序，都导致员工越来越少地考虑顾客，却越来越多地只是考虑程序。气走了顾客的人，不用害怕什么后果。可谁要是忽视了规定的工作程序，就必须作好准备，接受最重的惩罚。

除此之外，新问题出现时，员工们都束手旁观，没有人想要主动采取行动，更没有人愿意为此冒险。为此有一句标准行话："我们还是先等老板给出新程序再说吧。"

卡夫卡的小说《审判》的最终结局是：约瑟夫·K 在他31岁生日的前一晚，被两个男人带到一个采石场，"像一条狗一样"地被处死。大部分企业程序的结局也同样是一份死亡判决书，只不过被处死的是：公司的灵活性和员工的能动性。

案例：官僚主义是如何把我出卖的

我们集团公司有一件事雷打不动：每个季度的一个星期五上午，会搞一次模拟火警演习。一切都严格地按部就班：在一定时间内，我们必须撤离办公大楼，然后在院子里，把名字填在一张表格上。想象一下吧：全体职员都要放下自己手头的工作，演习一个小时。每年四次，这要花费多少工作时间啊！

因为我真的太忙了，所以我考虑留在工作岗位上，让同事帮我签到。当那天11点半左右警报再一次响起时，我也真这样做了。同事们一边聊着天，一边悠闲地向出口溜达着走去。

我继续安静地工作，直到后来闻到刺鼻的烟味，接着又听到大厅里消防员布置任务的声音，我这才飞快地逃离了现场。原来，在我们楼下那一层办公室，有一个废纸篓着火了。火苗熏烤着整幢大楼……

有五十多位同事当时留在了着火的大楼里。老板对此火冒三丈，张口就骂："这个我们可没少训练啊！"显然他还没搞清楚这之间的关系：正因为过多的火警演习，那些可怕的官样文章，所以大家才把火警当作休息铃了啊。没人再把警报当作一回事，就像大楼里大部分其他程序一样。

皮特·鲁格，大客户经理

§26 疯狂公司规则：程序就像口香糖，它能将原本很短的东西无限拉长。

沉迷于季度业绩

在这个世界上只有两个"一切向前看"的机制，其中一个无关紧要，那就是"发展历程"；另一个至关重要，那就是"德国集团公司"。您可曾聆听过一个首席执行官在股东们面前吹嘘自己为"未来号舰长"？这听起来就好像是说，短时期的或是目前的经营状况，对他来说都不重要，重要的仅仅是未来。

在集团的每一份演讲稿里，都能找到类似的句子："我们不能总是跟在市场发展的后面亦步亦趋，我们也决不能做急功近利的奴隶，我们必须尽早把创新之剑磨光磨利。十年之后，在全球化的赛场上将会只剩下屈指可数的几个弄潮儿。只有那时候我们才会看到，是谁决定

了未来发展的方向。我向你们保证：我们将属于最伟大、最优秀和最具创新性的一群。"（热烈的掌声）

我的客户英戈·克勒韦尔（55岁）22年来服务于一个世界级集团公司。对于这类说辞，他只是摇头："都是老调重弹。对外总是宣称可持续发展，对内却总是气喘吁吁，底气不足。我到现在为止，经历了四个首席执行官，他们几乎没有什么共同之处，只有一点除外：他们都使出了浑身解数，以提高他们的季度绩效。"

英戈·克勒韦尔经历过许多荒谬的决策，比如他们到了季末才提出该季效益必须过亿。董事会甚至亲问此事：能否说服客户这个季度就付清尾款？比如给他们优惠（虽然优惠在我们那里原本是禁忌）。最后我们做了巨大让步，以致那场交易成了负利润游戏。不过确实，那个季度业绩全面飘红。首席执行官受到了媒体的高调赞美："他扭转了乾坤。太好了，啦啦啦……"没有任何一处写着："这个家伙为了面子好看，刚把几百万欧元扔出了窗外。"

像这样为了季度绩效而胡乱放枪，在股份公司是非常普遍的。高薪聘请的高管，头脑的思维不会超过合同期。而他们能否坚持到合同期，就要看能否用飘红的季度业绩维持住股东们的好心情。

每一个小团队负责人都明白，如果他的数字有助于提升公司季度业绩的话，他便会在高层备受重视。而如果季度业绩被笨拙的现实拖了后腿的话，他便会成为落魄失意的人。每个醉后的决定没准也会转化成高招，只要它有利于季度业绩。

这样的策略导致了恶性循环。正如克勒韦尔所说："一台机器季末的时候坏了，考虑到支出，车间负责人会将新机器的购买推迟到下一季度。可后来又出现新的支出项目，他只能继续推迟到下一季度。就这样，支出被推后了好几个季度。这样虽然有利于短期的数字，但是却很大程度地损害了我们长期的业绩。"

可是公众真的这样看重企业的季度业绩吗？绝对如此！人类历史上的信息衰减周期还从没有像今天这么短过。很多原本根本没有报道价值的信息，却通过新闻传遍了整个星球。现代地球不再围绕着自己的轴心转，而是围绕着那些推特、电邮、脸书和短信转，速度优先于真实性。每个因特网用户，都可以作为网站网主、读者、通讯员、股东论坛的成员，针对一切事情发表自己的意见，当然也可以针对公司的业务。

公众犹如可供利用的巨大的公关马达。公司发布的临时信息和季度报告，是给马达喂上的发动机燃料。稍微往外界煽点儿热风，就能点起股市的熊熊大火。正如体育记者会为本国选手获得最好成绩而欢呼一样，股东们也会为企业出乎预料的季度业绩而雀跃不已。

这种疯狂机制的一个例子是，2000年4月，戴姆勒公司向股东们公布了其季度业绩：含特别项目在内的息税前利润达12亿欧元。这个消息远超所有的预期。证券分析师们无比兴奋，争先恐后地推荐股民购买。当推荐以音速在多媒体世界呼啸而过，戴姆勒股票大涨百分之八！

《经济周刊》评论员克里斯托夫·许尔曼一语道破了股价狂涨的荒谬。他称此为"季度业绩的策略扯淡"，并把为什么有人愿意比前一天多花8%的钱去买戴姆勒股票称作是一个谜，因为斯图加特的马达艺术家们只不过是把半张带有几个数字的A4纸呈现在投资者前罢了。衡量一下明天才会发布的真正的季度业绩，人们就会看到，戴姆勒以它六缸的发动机，才挤出了微弱的一马力功率。[31]

同样，利润的大幅上升是否只是一个骗局，这位股市专家也持怀疑态度："或许戴姆勒只是求助了一点儿内部收益率，在养老基金上做了点文章，将账面利润放进了收益里；又或许他们只是粉饰了研发费用，从那儿可以很快凑出几个亿。"

一个合适的时间间隔，既可以用来说明选手已经第一个到达了目的地，相反，也可以说明因跑得太快、太危险或者跌倒而导致的失败，或者因为一个很**现实**却过于糟糕的结果而不得不在跑表上做了手脚。

根据我所听到的所有客户的讲述，我可以斗胆断言，许多季度报告的真实性等同于白酒的酒精度数，能达到40%就已经很了不起了，剩下的60%只是公关和半真半假。

> **§27 疯狂公司规则**：季度业绩如同轻型摩托，谁要是不美化它，谁就会被对手远远抛下。

兼并热在升温

两辆汽车相撞，我们称之为事故；两个公司对对碰，我们称之为兼并。兼并造成公司彻底垮台的情况并不少见，很多公司兼并之前还运作正常，兼并之后却一命归西。摩根士丹利银行的一个研究报告表明：兼并以失败告终的占十分之七。[32]

然而疯狂公司的老板们并不关心这些细节。他们只要嗅到机会，可以开设新的游乐场供其吹嘘炫耀，就绝对不会放过。

这里面的矛盾很明显：一方面企业醉心于瘦身，裁员就像减掉自己身上的赘肉；另一方面，它们在兼并过程中鲸吞了众多的公司和股份，以致身体臃肿如同吞下巨蟒。这两者之间又如何能够协调一致呢？

疯狂公司的老板们对任何事情都有自己的一套说法，这里当然也不例外：他们其实并不是为了获得更多的员工、机器和不动产，更不是为了拥有更多的地位，他们只是把兼并当作一种特别聪明的节食偏方。

这就像一个超重的人，不停地往胃里塞奶油蛋糕，直到磅秤的指针开始移动。然后他又想方设法减掉这几两新增的重量，并把这个减肥过程当作"成功的节食"来炒作。

他们所谓的"兼并有利于瘦身"的说法，就是以此为基础的：两个相同领域的公司兼并，工资单上会突然出现两套财务、两个市场营销、两个销售部门，当然也会有两个管理层。那些之前独一无二的公司囚犯，突然间都变成了双胞胎，于是大刀阔斧的裁员便有了完美的对象。

疯狂公司高管在开始他们的裁员游戏之前，会先等待一些时日。随后，他们会按照没人能懂也不应该懂的标准，要么把员工直接扫地出门，要么给些宽限。这样的大清洗虽说会让股东们欢欣鼓舞，可也会让留下的员工成为毒蛇前受惊的兔子，看起来了无生机。

某个研究得出的结果表明，裁员会造成三分之一的员工降低责任心，半数的员工感到与同事合作不理想。而如若碰上减薪，45%的囚犯们会相应地降低他们的绩效水平。[33]

然而所有的这一切，疯狂公司老板并不关心。他追求的是可量化的效果，比如他可以声称："在我任职期间，公司进行了兼并，由此我们增加了15%的市场份额。同时，通过合理的安排，我们在其后三年里还裁减了750个岗位。"至于员工积极性的消退，他小心翼翼地有意避开不谈。而公司员工人数最终多出了3000人，他也没有提及。

所谓"合理安排"是个笑话。请问，在暴饮暴食和节食之间的摇摆不定，有什么合理可言么？总体而言，兼并企业大多是有补贴的，这也是因为被出售的公司大多不是金矿（像许诺的或是期待的那样），而是在兼并前被装扮一新、掩盖了破产的腐烂气息的粪坑而已。

只有当疯狂公司老板踏入公司、就近打量那个烂摊子的时候，他才会闻到破产公司真正的味道，只是那时木已成舟，再无回头之路可循。

> **§28 疯狂公司规则：** 企业可以向好的方向发展。或者兼并。

戴姆勒要洗衣机做什么？

疯狂公司老板们的"兼并热"出于什么样的动机呢？他们想改写历史，想敲响新时代来临的钟声，想干一番大事业。他们个人的成名欲大于智商。就像一个花花公子以他的战利品而自鸣得意，疯狂公司的老板也喜欢清点他的囚犯人数。一个统领2000名职工的老板，比一个只有1950名职工的老板要强50倍。这笔账并不遵从数学定律，而是虚荣心。

经媒体仔细收录的企业兼并事故，数量之多，可以写满一本很厚的书了。据说其中的典型代表，是出了一记妙招（或是烂招）的戴姆勒公司。1998年5月，集团轻松跨越了伟大和自大之间的界限，兼并了美国公司克莱斯勒，虽然它知道克莱斯勒深陷困境。然而，约尔根·施伦普——斯图加特总部的疯狂老板，贪婪地吞食了这个折翅的竞争对手，仿佛它是汽车工业这片蓝天下最美丽的鸟儿。他用纯厚的声音，宣布自己是"世界股份集团"的第一把手。[34]

兼并热延续了很久，并带来了典型的"症状"：开支急剧增长，收益大幅下降。2002年达到了低谷：克莱斯勒带来53亿欧元的泥潭，"世界股份集团"不得不接受总计6.62亿欧元的损失，而戴姆勒在兼并之前曾实实在在地挣得了数十亿欧元的利润。

然而施伦普死抓着兼并不放，就像抓着一个游泳圈，直到2006年7月28日被迫提出辞职。之后不久，他的心肝宝贝也被抹杀了——那段不走运的兼并婚姻被解除。施伦普的历险，被业内人士公认为是"一个经理人所能做到的史上最大的贬值"[35]。单从1998年到2007年，公司股票就贬值了400亿欧元。

"不可救药"——大部分的兼并都可以贴上这个标签，施伦普走的弯路也不例外。不然的话，当他的前任埃查德·罗伊特在这个领域被撞得头破血流之后，他就一定不会再去物色大型的兼并对象了。罗伊特最喜欢的兼并产物是一个"一体化技术集团"。为此，到1990年初，他几乎购买了任何一间躲避不及的公司。比如，他捕获了竞争对手MBB、荷兰飞机制造公司福克、电子巨头AEG及其子公司Telefunken，还有涡轮机制造商MTU。

除了扩大企业帝国版图、自己赢取利润外，它还要拿这些技术混杂的公司做什么呢？观察家们都迷惑不解。一个汽车公司去购买AEG这样的公司，是典型的疯狂公司的做法。企业工会的曼弗雷德·莱迈尔又一次提出了一个正中要害的问题："戴姆勒究竟要洗衣机做什么？"[36]

事实上，这个电子公司早已证实是块电子废料，并深陷于赤字中无以自拔。当失败已无可辩驳的时候，戴姆勒才把AEG交给瑞典企业Electrolux去埋葬。其他新加入的企业，也同样无法实现戴姆勒许下的诺言。

还是那个老调子：疯狂公司的老板想接管有利可图的公司，可是最后他们在兼并问题上接管的只有一个，那就是他们自己。

然而谁来为这一切买单呢？不仅是那些在媒体面前泪流满面的可怜的股东们，而且还有公司的职员们：他们必须为自己的岗位担惊受怕，必须精打细算地使用裁减了的办公预算，必须不停地适应新的策略、新的上司以及老毛病。这些全都不是动力的添加剂。

我的一个女客户作为公司内部人士，体验了戴姆勒—克莱斯勒兼并闹剧的威力。她讲述道："戴姆勒以前一直是个出手大方的集团，无论是在工资、进修，还是其他各个方面。可是自从2000年中期就好景不再了。他们在我的工作领域进行了疯狂裁减，一夜之间取消了我几年来精心构建的培训项目。这对我的打击极为沉重。面对我的抗议，他们只是回答：'我们总得从某个地方开始节俭吧！'其实我真想反驳他们说：最好还是让高管们开始思考吧！但要在决定兼并之前，而不是之后！"

案例：兼并让我变成拼命三郎

我服务于集团的一个小型专业部门，是唯一一个外语文职人员。在我们公司兼并了一个竞争对手前，我的工作量并不少。兼并后，我们公司虽然少了一个竞争对手，却多了很多工作人员。

一部分被兼并的职员搬到了我们工作的地方，很多岗位成了双人岗。这样的"双胞胎"不断地被安插进来，我那儿也来了一个文职人员。事情很快就清楚了：这个专业部门的工作只够我们当中的一个人来做。将我们俩像斗鸡一样关在狭窄的空间里，就是想知道谁能最后取胜。

没过多久，我们就开始互相仇恨了。每个人都悄悄地穿梭在各个办公室，暗中等待可以从对方手中夺走一份任务的机会。我们经常会不知不觉地拿着同样一份战利品回来。于是同一份工作被做了两次，还常常是几个星期之久。布置任务的人会采用那份听起来更好，或者完成得更快的报告。我们之间永远都是战斗。

这样的事情同样也发生在很多其他同事身上，公司成了阴谋诡计的温室。主机越来越频繁地"偶然"死机，原本属于保密的薪水众所皆知，或者批评上司的有争议的电邮，会出现在领导的收件夹里。

我们一直都在明争暗斗，一直都在想让对手出局。差不多满一年的时候，我的心理彻底崩溃了，于是我提出了辞职。离开公司的时候，我一分钱的补偿金也没拿到。我想，这也是上头早就设计好的吧。

海伦·施奈德，外语书信工作人员

> **§29 疯狂公司规则**：跨行业的兼并是聪明的：观察者寻找其中天才般的策略。没有人会想到，这个策略其实根本就不存在。

疯狂的纸张大战

"自从我们被一个大型集团吞并之后，一切就都不一样了。"茉莉·胡赫（35岁）说，她当时还是一家中型食品制造企业的售货员。从前作决定，过程一点也不复杂。获取经费是这个世界上再简单不过的事。第一步：向老板解释经费的用途，必须让他信服；第二步：他点头表示同意。这种务实的管理运作得很不错，公司的生意也因此很兴隆。

然而某一天，面对一个外国大型集团的收购意向，老板做了妥协：他以不知道是几位数的天文价钱，变卖了这家中型集团公司。"作为员工，我们对这一事情的进展虽然谈不上开心，"茉莉·胡赫说，"但是实际上，我们都以为一切会照旧进行，我们只是在另外一个集团的名下工作罢了。"

茉莉·胡赫的这个猜测在第一年是正确的。疯狂集团管理层观察了这个食品制造企业的运作，特别是暗中关注了所有的支出和费用，诸如：原材料花费多少？人事方面开支多大？日常办公支出都用在了哪些地方？

集团高管们一致决定：明年的开支必须降低5%，纸张预算也要裁减。可所有这一切他们都不曾征求过老职员的意见。

到了第二年接近11月中旬的时候，公司里出现了一件怪事儿："我想打印一份购物清单，"茉莉·胡赫说，"却发现打印机里没有纸了。于是我去仓库，那儿也没有了。于是我又去秘书处，说明情况后得到的回答是：'对不起，我们今年的纸张经费已经用完了。您去其他部门看看吧。'"

茉莉·胡赫于是去其他部门求助，可是那些部门也面临着同样的问题。于是她不得不自己动手，从复印机里拿出了一半的纸张储备。

只是这个办法也不长久，一个星期以后，整个公司的打印纸张都用完了。

在各部门经理的压力下，公司领导敲开了集团老板办公室的大门。然而他提出的增加纸张经费的请求遭到了断然拒绝："不是经费必须看你们的脸色行事，而是你们得按照经费来使用纸张。我们集团到处都是这样运作的。你们自己想办法！要发挥创造性，经费自理！"

同事们并不吝于想方设法："我们于是拿公司信笺做普通打印用途。信笺我们还是有足够数量的。"然而这也只是给我们带来了另一个窘局：到12月中旬的时候，不仅空白打印纸没有了，信笺也彻底告罄。公司再也不能给客户写信，不能寄发账单，不能复印材料。

最终实用主义占了上风：一些同事匆匆忙忙地走到办公用品店，自掏腰包买了打印纸回来。信笺则由各部门经理出资少量印刷。就这样，这个利润几千万欧元的食品制造企业，依靠职员的施舍才渡过了难关，迎来了新的一年。

谁若是相信计划经济已经消亡，那么，当他目睹大型集团公司运作的时候，便会意识到自己的错误。这里不经事先的批准，没有人敢弯一下指头。这个世界自从发明了骑士装甲以后，就再也没见过比大集团预算部门和人事部门更强硬、更顽固的了。

在银行危机期间，我曾有过这样的经历：一个保险公司曾下达了"禁聘令"，而且还是无限期。后来危机过去了，生意在不断扩大，绝佳的人才就站在门前，可是禁令依在。

那时公司里有不少空缺的职位，也有不少客户合约无人处理，而可以胜任这些工作的人选也不少。唯独一个条件不具备：聘请人手的绿灯，一个正式的"启动"。

几个月以后，禁令解除了，可惜最合适的人才也都已签约其他公司。专业部门不得不聘请较次的人选，为此，它们积下的工作也越来越多。

关于众多大型企业窒息消亡的原因，美国管理大师理查德·帕斯卡

尔 * 在他的经典名著《刀口上的管理》一书中进行了阐述：消亡源于自大，源于惰性，源于官僚。[37]《财富》杂志评选的500强公司（美国最成功企业），5年以后消亡了143家。天使的这种不幸的失落，德国疯狂公司绝对可以与之一比高低。无论是 AEG 还是 Grundig，Rosenthal 还是 Karstadt，Kirch 还是 Karmann，Herkitz 还是 Quelle，Vulkan 还是 Holzman，coop 还是 Saarstahl，它们共同的结局就是从大型企业变成大型破产企业。

如果员工**没有**丝毫决策权，如果他们像赌徒依赖针剂一样依赖管理层的决定，那么情况会是怎样呢？那样的话，不仅员工会丧失工作兴趣，高层的计划也总是会比现实慢几拍：计划是需要准备工作的，而现实，随时都在变化中。

在这个全球化时代，全球知识每五年就会翻一番，因为市场这个旋转木马会越转越快。在这期间，企业所浪费的每一秒，都有可能意味着丢失一笔生意。而每一笔丢失的生意，又都可能意味着给（曾经的）大企业的棺材钉上第一颗钉子。

案例：同事被扣上了"密探"的帽子

这位同事只是做了一件在我们集团非常普遍的事儿：发了一封带有附件的邮件给自己，从公司邮箱到自己的邮箱。他只是想不带笔记本电脑也可以在家继续工作而已。

五天后，保密部门像对待重犯一样将他从办公大厅带到了公司大门。罪名：泄密。后果：立即辞退！

在我们公司众多的规定里，有一条是：不得将"机密设计资料"携带出公司驻地，既不能以数据载体形式，也不能以电邮形式。这条规定其实并不适用于我们部门，因为我们所经手的设计材料的保密级别，低得都像隔壁加油站的油价，属于纯粹的程序化工作。

＊　被誉为全球50位管理大师之一，影响世界进程的100位思想领袖之一。——译者注

这位倒霉的同事曾经是我们公认的"可靠和忠诚"的榜样，他为集团服务了25年。对他的处理决定，上面并没有经过我们的部门经理。但经理为下属挺身而出，向上级解释了事情发生的背景。然而上级不想丢面子，他们坚持认为：设计资料就是机密文件。那位同事表面上积极工作，实际上只是在狡猾地窃取情报。

最后还是劳工法庭结束了这桩骇人听闻的事件，使我的同事得以重返工作岗位。这一事件之后我们都明白了一个道理，那就是：对于公司来说，规定远比员工重要。所以我们几乎不再加班了，更不可能无偿把工作带回家去做。

吉多·费森迈尔,技术制图员

---

§30 疯狂公司规则：想用半箱油跑完两倍路程的，是蠢货；想用一半的预算取得双倍效果的，那是财政总监。

企业重组的废墟

疯狂有名字吗？当然有！它叫"企业重组"。这个概念听起来本该是指一双调整的手，用它们可以清理混乱的局面。可事实正相反。典型的企业重组相当于一场海啸风暴：所有过去所营造的，都被它在呼啸中冲走，留下的只是废墟、混乱和无所适从的人们。

除了管理高层，没有人会惊讶这种重组的破坏力。当风浪过后灾难展现在眼前时，当原本隶属的部门如今被硬生生地分开时，当对部门不可或缺的有学识的雇员被解雇时，当所期待的订单和储金在新的商业模式下无影无踪时，该怎么办？

那还用说么！新一轮的重组会被推上台面。彼此还叫不上姓名的新团队，大家都宣誓按量支出的新预算，员工们都还不认识的新领导——所有这一切，都会被下一轮大浪席卷。而废墟清理工程，还会再次开始……

是我夸张了吗？有那么一点点。许多疯狂公司在不停地尝试创造一个全新的自我。哪些部门可以合并？哪些产品系列可以分开？哪些分支可以（根据心情好坏）进行融合或是扩大，集中或是分散，本土化或是国际化？哪些员工可以像洗好了的衣服一样，一会儿晾在这个领导的绳上，一会儿晾在那个领导的绳上；或者说，如果资金这一衣架承受不起，就干脆让他掉进失业大军中？

我的客户贝亚·艾泽勒（49岁）服务于一家食品集团。几年来，她亲身经历了组织结构这个旋转木马以令人窒息的速度在旋转。在过去六年中，她有过五个部门经理："每次换新经理，我都会问自己，还有必要记住他的名字吗？或许他明天就又走人了吧？"

每换一次领导，都会有不同的前进方向："我们头一个领导来的时候，正是企业推出'全方位价格'销售策略的时候。他不断地宣传和强调这一点，以至于半年之后，如果有人在睡梦中叫醒我，我的第一句话一定会是：全方位价格！"

她的部门用了整整半年的时间，赢取了新的供应商，引进了新的产品线，开拓了新的市场营销。可是仅仅三个月之后，新的一轮重组风暴再次袭来，贝亚·艾泽勒又迎来了新的领导，而这位领导有着自己的一套。"他宣布，我们过去大半年来的做法是错误的。他的咒语是：'提供全方位价格，不会拥有任何真正的价位。'他命令我们将精力重新集中到久经考验的优质品牌上，而那些'不值钱的垃圾'（他的叫法），得从货品清单里剔除。"

这道命令对于我们的干劲就像野炊时浇的那场暴雨："我们当然有被蒙骗的感觉。难道我们这大半年来所做的都是无用之功？难道我们不该把那些商品试卖更长一点的时间吗？那些因我们长期合作的承诺而提供给我们特价的供货商，我们今后该如何面对？"

　　不过这场恐怖也没能延续多久。一年以后，又一场新风暴狂涌而来。这一次，接管部门的是两位领导：一男一女。

　　"那是我职业生涯所经历的最恐怖的事情。"艾泽勒说，"女经理吩咐我落实一项大型的供货份额，我照办了。谁知却招来了男经理的一顿训斥，说我不经他同意私自做主。他俩彼此势不两立，却得由我们去承担后果。"

　　这样的时间只持续了一年。事后我们才知道，设置双领导是个应急做法：高管们为了这个战略上很重要的职位，吵成了两派。在双方争执不下的情况下，只能各派一名代表。暗地里大家都希望自己的人能把对手击倒。

　　企业重组通常都是内部权力斗争的结果。比如第一组，中央集权派，在多个经营领域内进行了大规模的兼并。第二组，联邦主义者，不得不咬牙切齿地接受这一切。然而，当兼并并不能立刻带来所期待的滚滚红利的时候，权力的天秤就会倾斜。联邦主义者将重新掌权，特征就是，一场新的重组开始。这一次，那些刚兼并完毕的部门，不得不被重新分割开来。

　　面对这种混乱的局面，疯狂公司的员工们会表现得很淡定：他们不再认真对待各项决策；在所谓的策略背后，他们猜想到的是专断；他们会转而以足够慢的速度去落实重组的决定，以便保存自己的实力，直到下一次重组开始。

　　我在咨询中要辨别出这类公司的员工，有一个可靠的标志可供参考：阶段鉴定书的数量。每一次换领导，都是证书庆祝日。因为前个时期的工作，在下一任领导眼里，必定会是"错误"的。我就收到过含有八份阶段鉴定书的申请材料。那里面每一份工作任务说明读起来都不一样，就好像该员工换了公司似的。

　　这种换领导的游戏，客户尤其深受其害。原本是公司必须适应客户及其不断变化的需求，事实上却是**客户**必须适应公司及其不断变化的组织结构。一夜之间，所熟悉的程序都翻了个个儿，所熟悉的联系人都消失了，客户突然变为实验室的小白鼠，当然其中不乏逃到其他公司那儿去的。

企业顾问罗兰·贝格尔在2007年的一个研究结论表明，企业对雇员感受的顾及少得令人咋舌。比如大部分企业声称，企业重组后对危机的反应比过去慢了：由2003年的14个月延长到现在的20个月以后[38]。而事实上，它们所应回答的问题却是："对员工提出的改善建议，您需要多久才能做出回答？"

因此，另外一个研究结果就更加可信了：十个公司里有四个表示赞同"战略计划是企业重组最重要的部分"。可是有80%的企业也不得不承认，它们并未能成功实践自己的计划。

如果人们偏离自己的计划，那么**计划中的**变化又如何得以实现？作为一个经理人，如果不站在重组的方向盘前掌舵，而是悠闲自得地让气流拽着自己随波逐流，忽东忽西，那么对于员工们来说，他就类似恐怖的鬼火，或者是变化无常的自然灾难。

至少可以说，一次重组不会造成**永久的**破坏，因为下一次重组已经站在起跑线上了：为的是铲平上一任的废墟，也为了能留下自己的废墟。

---

§31 疯狂公司规则：海啸是无害的；眼镜蛇是宠物；重组服务于企业！

6
中小型公司的愚昧：
遗传性疯狂

　　科特曼，我们现在还是要取消您的假期。不过，别灰心，看我给您带来了什么！

中小型公司**并不**普通。在某些方面——比如在褊狭固执、吝啬贪婪和过高估计自己等方面，它们将平均水平远远抛下。在本章，您将阅读：

- 为什么中小型企业最初从不犯错，继而却宣布破产；
- 外号麦老鸭大叔*的企业主，如何给这个名字带来全部的荣誉；
- 为什么自己员工的创意被看作愚蠢，而广告公司的则被视作天才；
- 继承人是如何做到瞬间毁灭父亲的公司的。

主啊，我们中小企业之父！

中小企业最喜欢庆祝什么？当然是它们自己。无论是老板的生日，还是企业周年纪念日，它们都会一个不漏地用作公司庆祝活动。它们高擎着公司大旗，广邀当地媒体，描绘公司神圣的历史和未来，并以此让与会者昏昏欲睡。

有人恶意地宣称，"中小企业"这个概念的根基在于：中小企业都把自己视为全球的中心。中小企业最想做的是，让当地学校的历史课不再讲述罗马帝国的建立，而是讲述自己企业王国的建立。相比公司第一个产品的引入，比如洋葱刀，或者是电烫斗，俾斯麦引入社会保险制度又算得了什么？

这种狂妄自大可以从当地的目光短浅中得到解释。以前的侯爵，就是现在的中小企业老板：一个有权有势、地位显赫的人，一个"面包赐予者"。一个中小企业可以是一个地区全部的骄傲和象征。

企业方圆五十到一百公里的所有人，包括地方政要，都对这样一

---

* 麦老鸭，迪斯尼动画形象，以吝啬著名。——译者注

个"企业之父"言听计从。每一寸土地，只要它需要，一夜之间就可以变成建筑用地——即便里面应得到保护的群落生境再度受到破坏。

他们甚至为这样一个中小型企业做腌鱼、祷告甚至违法的事。拥有这样的朝臣不是完全没有风险，因为谁能保证企业眼里看到的总是现实？一个被当作太阳神来侍奉的人，不久以后会真以为自己是太阳神，即便他出了城市便微不足道。

员工们的批评意见并不受欢迎。我还记得我的一个客户，针对20世纪90年代末东欧市场发展迅速、德国本土竞争越来越激烈的形势，他多次提醒他的老板。可是该疯狂公司老板只是搪塞了他的建议，说什么"地区经营实际上已经足够了"。既然老板是太阳神，当然也就没有必要去改变经营策略了。

数年以后，当经营数字跌到谷底，他才重拾我客户的想法。但由于信贷额度已经很紧，特别是因为一些竞争对手已经在东欧立足，并在那里大赚特赚，公司走向国外已经不可能了。两年后，该老牌公司破产了。

能够迅速地对市场情况的变化以及顾客的愿望作出反应，这本来是中小企业的强项。因为往往当集团公司作出决定，改变经营路线的时候，中小企业可能已经占据了市场，并有进一步的供应准备投放。

企业的灵活程度，主要取决于哪一代人在掌舵。大多数情况下，创业者比继承者明显更灵活（见第127页）。一个从小在企业成长的人，容易陷入误区不能自拔。他以为万贯家财不是源于客户，而要拜亲爹的银行账户所赐。公司迷失了对顾客的定位，自然也就难免走向崩溃。

中小企业的另一个危险在于，它们混淆了自己视线内的情况和国内乃至国际市场发生的情况，一叶障目，以偏概全。比如西南部的一个著名的螺丝钉制造商，它的产品遍布当地的车间和建筑家居市场。对潜在顾客的走访使它滋生了这样的信念：要抢占全部的市场也会如电钻钻纸板墙一样轻松。可实际上，它在德国东北部的代理人的销售情况并不好。只不过对于这样一个现实，它宁可用好听的话来遮掩，也不愿意从中看到进一步发展的机会。

贴近本土客户，不仅会带来及时认识问题的机会，也会带来**错误认识**的风险，因为本土俱乐部的粉丝往往不能给出代表性的意见。这就好比在不来梅地区询问云达足球俱乐部的意义，然后根据每两个人中有一个支持云达这一现实，推断出全德国有四千万云达球迷的结果。

这种狭隘的眼光导致了虚荣自负和错误的决定。比如某些只在当地畅销的产品，也被推向全国——在别处并不被人接受。

区域性的疯狂公司做得好的地方就是，没有教育他的员工去服务，而是去思考。他们也应该尽量挣脱地域的樊笼，用挑剔、犀利的眼光从外部打量自己的公司，并让一些太阳神们能认识到：他的王国是有局限的，他的产品供应也是有缺陷的。只有不断改善自己的企业，才不会使之沦为平庸。

在2009年的经济危机中，仅仅因为中小企业的破产，忽然间就让德国丧失了70万个工作岗位。这个巨大的数量，并不仅仅源于财政金融的问题，也源于企业错误的策略[39]。经营模式落后、视野狭隘、君主式结构、过多的自夸、过少的自省——这些都是造成中小企业消亡的症结。

葬礼在一片静谧中举行。破例的是，没有致辞。

案例：为什么我的老板应该赢得足彩

我们的老板是城里出了名的自以为是的人，没有人敢跟他作对。可越是没人反对，他犯的错就越多。即便如此，当2006年世界杯发生了如下事情的时候，我还是目瞪口呆：我们一群人在公司里赌球，老板以为他什么都比其他人知道得更多，所以自视为当然的足球专家。

然而他的猜测全部都打了水漂。才几天工夫，他的名次就滑落至倒数第二。于是他的情绪就像一个臭弹，总是见人就抱怨，每个人都被他糟糕的情绪所烦恼。

一天早上，他的秘书带着秘密使命，悄悄地走进每一间办公室。她向同事们恳求说："你们就不能助老板一臂之力，让他成功猜对？"她觉得我们应该故意猜错，好让老板恢复好心情，并重新回到他的祖传宝座：顶尖头名的位置。

为了恢复公司的和谐，平息老板的怨气，一些同事相当配合：他们坚持点击自己最不看好的选手。而我，则以食指点击了另一个方向：我的额头＊。

克劳斯·梅茨格，管理员

---

§32 疯狂公司规则： 没有口德的人声称，中小企业紧随敬爱的上帝之后。这当然是错误的：是敬爱的上帝紧随中小企业之后。

吝啬如麦老鸭大叔，或者节约到死

麦老鸭大叔，一个加工企业的员工们暗地里这样称呼他们的老板。他对待钱的态度，让他们不幸地联想起这个迪斯尼的同名卡通形象，那只用无敌武器——吝啬——捍卫了自己满满钱箱的鸭子。

疯狂公司老板麦老鸭大叔的公司拥有一个利基市场。这样的市场竞争并不激烈，每年有一百万的利润流入他的钱柜。然而他两手攥住的钱越多，花出去的就越少。

有一个公司的领导是我的客户，在他们的员工中流传着成打的故事。例如，好几个证人见证了这一事件：一天上午，麦老鸭突然出现在办公大厅，刚好一位同事正在调节电子百叶窗。

＊　食指点击额头是西方人的习惯手势，表示对方愚蠢或疯狂。——译者注

老板礼貌地问他:"您一天要调节几次百叶窗?"

"那要看太阳的情况,"同事回答。

"那究竟一天几次呢?"

"老实说,我还真没数过。为什么您对这个这么感兴趣呢?"

现在老板的声音变得严肃起来了:"您有没有想过,这要浪费多少钱?不仅仅是百叶窗升上去了,电费也会跟着升上去。电费已经涨价了,这不让我担心吗?"

同事松了一口气:"可是百叶窗的存在就是为了让人调节的嘛!"

"不!它不是玩具,而只是一个遮阳工具。我的百叶窗我就几乎从来没调过。"

对于麦老鸭来说,要钱的一切东西,都犹如斗牛士手中的红布。在他那里,希望加薪的员工,或者希望增加预算的部门领导,再或者希望特别优惠的顾客,其实都还不如去请求当地储蓄银行的行长,给没钱了的"银行抢劫犯协会"捐款。

比如发展部经理一再指出,公司的生产品种已经老化过时了。十年来,他的预算可怜到只能开发现有产品,而不能推陈出新。而新产品可以保持公司在市场上的地位,增加利润。可老板总是以同样的回答来回击他的预算请求:"我是靠收入过活,不是靠支出!"

有一点员工们是不能责怪他们的疯狂公司老板的,那就是,他并不是只对其他人进行节制的说教,而是以身作则,并且带有后果:和尚站在他身边,也会显得像追求享受的花花公子。他穿的西装,旧得只有艾德格·华莱士的电影里才能见到,连老婆和孩子都被他节省了,他和他的公司结了婚。

他在价格和工资方面的衡量标准,正如他的衣服,还停留在三十年前的水平。

他不断地对秘书抱怨说,每一次审批办公用品或是差旅费的时候,他都能看到价格发生了怎样巨大的爆炸。

有一次他说:"这张飞机票花了我们2500!如果我们每天都这样支

出，那么一个月就是75000了！"

"不是2500，是1250。"秘书轻声地纠正他。

"你竟然也被蒙了！"

"被蒙？什么被蒙了？"

"被欧元蒙了呀！我还是算马克。这样你才会发现，东西现在变得有多贵！"

这个奇闻听起来或许很可笑。这位老板不仅对员工，而且对企业来说，都是一个无理而过分的人。他的生意做得还行，因为企业在一个利基市场经营。可是，如果有了竞争又会怎么样呢？如果这个公司省下了创新的钱，而那些竞争对手却因为创新而显露优势呢？如果那些最好的员工因为得不到加薪而跳槽，并且把他们的知识带到其他公司呢？

这个疯狂公司老板荒谬的"节省热"的目的在于省钱，却毁灭了钱。谁在最好的员工工资上抠门，谁就会被竞争对手赶入贫穷的窘境。谁在广告上省钱，谁就等于把自己的未来挖沟放水。谁在日常办公用品上省钱，谁就会扼杀员工们的积极性。

节约热首先是中小企业的问题吗？不是。很多集团公司也把这份狂热推向了峰顶浪尖。在经济危机的2009年，一些DAX上市集团公司一方面把工资全部冻结了，另一方面朝股东们泼洒了总额为220亿欧元的红利。[40]钱是有的，只是不给员工罢了。可做事的人的价值怎么可能比股东少这么多呢？

随着时间的推移我注意到，不管经济情况好坏，疯狂公司的"节约特派员"都在执勤中。危机**之前**要缩减开支，理由是：下一个危机就要到来！危机**之中**也要缩减开支，论据是：我们现在正处于危机之中！危机之后还要缩减开支，说明是：现在我们得从危机中恢复过来！

上一次经济危机中，在员工人数一千人以上的企业中开出了怎样的节约之花。一个国际调查表明：72%的公司从危机一开始便开始结构重组，68%的公司暂停雇人，60%的公司冻结工资，55%的公司不再支付或者是只在紧急情况下支付加班费。[41]这一切，又怎么和丰厚的红利相称呢？

这些削减措施只会削减员工的积极性，而不会提高企业的利润。根据一份调查，对企业文化的满意度在一年之内下降了28％。员工积极性的缺乏付出了极其可笑的代价：单是2009年，德国企业就损失了920亿—1210亿欧元。[42]

来一种全新的、无论在中小企业还是在集团企业都能发挥作用的节约措施，怎么样？那就是慷慨大方。一个在加拿大的公司以一张支票给它的员工们带来了惊喜：每个人都得到了花红，而且没有什么特殊的原因。

那么员工们是怎么做的呢？他们以特别的勤奋来回报。在发钱后的第一天，生产力就得到了10％的增长。而恰恰在老员工那儿，出现了长期的绩效推动力。[43]

总的来说，慷慨相赠所起的作用恰恰是那些损害员工利益的节约措施所大大错失的：它们给公司带来了超额收益。

> **§33 疯狂公司规则**：一个有经验的成本杀手，会不停地向他的牺牲品扫射，直到刚才还是公司的地方只剩下窟窿为止。

人云亦云及伙伴股份有限公司

这事儿和我的邻班同学迪特尔有关。一天，他拿着一个没人见过的玩具，溜达着走过校园。我着迷地看他将那个彩色的玩具画着弧线扔向地板，然后那玩意儿又顺着细绳回到他的手中，就好像地心引力不存在一样。哇，那看起来真的很酷！

一天之后，五个孩子拿着溜溜球踱过校园，后面跟着500个惊奇的眼神。一个星期后，全校有一半的学生让溜溜球在空中飞舞。两个星期后，每个人上学时宁可不穿衣服也不能不带溜溜球了，校园成了马戏团的舞台，甚至一个体育老师也加入了溜溜球游戏的大军之中。

为什么我给您讲述这件轶事呢？因为我至今仍在观察这种"人群跟风行为"——在公司范围里。您考虑过么，要经受怎样的碰撞冲突，您的公司才会投入新的广告策略，才会寻求新的顾客群体，才会向新的国外市场挺进，或者才会买一台新的机器？

新产品、新方法投入使用，是我们自己员工的主意吗？怎么可能！比如克劳斯·克莱（28岁），一个物流公司的内勤人员，在经济危机期间向他的老板建议：反正我们没有足够的物流订单，为什么我们不能将货车租给私人客户呢？这样我们也可以在此期间赚到一笔可观的收入，不然这些车摆在院子里也没用。

领导暴跳如雷："我们是物流公司，不是租车公司——请您牢记这点！"他的手下伤心地退下了，带着坚定的决心：再也不提任何建议去打扰他的上司了。表面上，这事儿就这样过去了。

然而几个月之后，事情有了意外的转折。当地的一个生意同样不景气的竞争对手，在报纸上登了一个广告：出租货车。价格比普通租车公司便宜，手续也再简单不过。

很快人们就看到，这家公司的货车原本一出门就会开上高速，现在突突地在这个小城市里开过。有时它们被用来搬家，有时被用来运载私人游艇去船坞，有时被一个刚拿到货车驾驶执照的新手作为额外的驾驶实践开上几个小时。总之，这项生意进展得好极了。

没有多久，克劳斯·克莱就被老板召进办公室。难道他想为当初没有接受员工的建议而道歉吗？没那回事！他抱怨着说："这世上真是有巧合啊，克莱！您前不久才建议我搞租车业务，几个星期以后我们的死对头就捡起了这个点子。"

"是啊，我们没有早点开始做，真的很可惜。"

"可惜的不是这个，是您把您的点子给了我们的死对头！"

克劳斯·克莱惊得肩膀高耸："我没有！绝对没有！"

"那您怎么解释，这个点子偏偏这个时候出现在我们的隔壁？"

"因为他们也跟我们一样缺少订单，而且想挣钱啊！"

在这个经历背后，是所有疯狂公司遵从的自然法则。自己员工的建议被当作幻想，被当作对心爱的惯例这一最高价值的恐怖谋杀。单单是企业还没有破产这个事实，就证明了现有的经营模式是有效的，而改变和革新是绝对不必要的。

"我们一向都是这么做的。"在这一保护伞后面，躲藏着整个管理层。就好像对公司来说，没有不断的发展过程，没有记录市场的变化，并去适应它的必要性。

然而，当一个竞争公司走上新的道路，又会怎样呢？高管们会齐声合唱：为什么我们不也这么做？别人的主意都是好主意。就好像对方的员工在食堂里舀的不是汤，而是纯粹的智慧。买机器，实施扩张计划，尝试经营模式，这里面有多少并不是因为自身目的明确，而只是因为对手们也做了？

我就认识几个将彼此推向灭亡的零售商。那种游戏总是可以立即开始：一方大幅度降低价格，虽有"多销"，却也"无利"。他的竞争对手看到对方的商场人满为患，估计对方因此红利滚滚，于是也像旅鼠一样扑向同样的方向，跟着降价。

这个螺旋曲线飞快地向下旋转，快得令人晕眩，直到前面的和后面的都在同一地点交汇碰头：商品售罄。双方也就一起破产了。

别人先做的蠢事，不会因你的盲从而变成天才之举。正相反：甚至一个好的主意，也会因为你的盲从而步入死胡同。谁跟在别人脚后亦步亦趋，谁就只能永远当老二。

比如，当克劳斯·克莱的老板最终还是决定加入货车租借生意的时候，他经历了一场硬着陆。对手已经占据了当地的市场。另外很多顾客也都热衷于去"原创"那儿租车，而不是去一个显然是抄袭了别人生意上的好点子的公司租车。

案例：我是如何非自愿地加入了老板的粉丝俱乐部

咦，我们老板是怎么了？在他那中小企业的历史上，破天荒地准备了一个集体出游活动，地点在邻近的法国阿尔萨斯地区。就像邀请信上说的，这次活动内容包括游艇、午饭以及"一个夜晚的惊喜"。我们当然都在猜测这个晚上会发生什么事。观看话剧演出？一次五道菜的晚宴？或者是一个大型酒会？

实际发生的事，远远超出了我们的想象：

老板拉着我们一行74人——他的全体员工，晚上七点整到了一个电视专家论坛。他是这一辑的嘉宾。讨论的是一个有争议的话题。我们这次出游的乐趣似乎应该在于，倾听他智慧的观点，并用雷鸣般的掌声证实这些观点。

其他参与讨论的人，都被我们老板的观点所受到的"公众"欢迎度惊呆了。显然，那整个外出活动就是伪装的粉丝俱乐部之旅。直到今天，当我们在报纸上读到下一轮专家论坛的消息时，还会推推对方低声说："喂，再来一次集体出游怎么样？"

克丽斯塔·保尔森，销售助理

---

§34 疯狂公司规则：自己员工的点子是狂想，因为那是自己员工的；竞争对手的点子是天才，因为那是竞争对手的。

当富二代说不……

那个找我咨询的男人，是一个颇具声望的老人。75岁的他，依然管理着一个行业里最成功之一的中小企业。如今他面临着一个特殊的问题："我的儿子应该继承我的公司，可是他竟不愿意！"

我进行了两次谈话，第一次是和父亲，第二次是和儿子。两个人之间天差地别。那个父亲，一个旧式生意人，穿着量身定做的西服，胸口戴着插巾。只要一谈起他的公司，他的眼睛就会发出初堕情网一般的光芒：他不是在诉说，他是在陶醉。对他来说，公司是他的婴儿，他的最爱，他的生命。

越是这样，他就越是难以明白，为什么自己的儿子宁愿去别的公司工作——"薪水还很差！"——也不愿接手公司的顶尖职位。那个年轻人，说啥也已经35岁了，据说"脑子里只充斥着荒唐可笑的念头"。比如在一个乐队玩"吵得要命的音乐"。

之后我也和他儿子谈了话。他以皮夹克和牛仔裤的装扮出现在我面前。我问他是如何看待父亲的交接心愿的，他的回答很明确："我一听到'交接'这个词就想吐。为什么我要穿一双不合脚的鞋子呢？"

"是因为您觉得这双鞋还太大吗？"我想知道。

"不是。它根本就是一双错误的鞋子。我也不会只因为我喜欢搞音乐，就让我父亲来接手我的乐队。他对音乐一窍不通……"

"您怎么那么清楚地知道，您不想管理那个公司呢？难道您不需要尝试一下吗？"

他的脸走了样，就像是我踢到了他的胫骨一样："噢，天哪，我对它太熟悉了！在我还是孩子的时候，就没听我父亲讲过其他话题。公司，公司，公司。我感觉自己就是个养子，而公司，才是他真正的孩子。"

"您了解公司的内部吗？"

"太了解了！八年级的时候我第一次实习，没说的，得去公司；放暑假的时候，没说的，得去公司；上大学是我父母提供的资金，一到暑期，也没说的，得去公司。"

"您要是拒绝了呢？"

"那我父亲会伤心死的，或者还会停止资助我上大学。我别无选择。可是现在不同了，我自己挣钱，养活自己足够了。和这个公司，我不想再有任何瓜葛。"

这个故事既典型又不典型。说它典型，是因为公司老板不惜一切地想把自己的孩子送上企业的最尖端，并不考虑他的孩子是否愿意，或者是否可以胜任领导的工作；说它不典型，是因为这个做儿子的竟能如此斩钉截铁地回绝父亲。

我的一个客户是销售经理，他亲历了一场两代人的交接："那是一场悲剧。那家人用了50年的时间去艰苦创业，儿子却只用了5个月的时间，就把公司彻底搞垮。"他的表述并不夸张：这个小型机器制造商失去了大量的订单；忠实的员工都投奔到对手门下；就连这位销售经理自己，也想离开这艘即将沉没的船。

那个儿子在员工中早就声名狼藉：做实习生的时候他就是一个喜欢挑剔的人。之后消失了十年，去了一家瑞士私立大学学习企业管理（当时盛传他高中毕业考试考得一塌糊涂，全靠老爸的支票，才被大学录取）。

后来他以父亲代理的身份回到公司，不仅西服笔挺，而且态度举止上都表现得如同经济达人一般。员工们所有的认知，在他眼里都是过时无用的；而他所有的看法，都是科学知识的最新版本。在公司里，他的混乱思想就仿佛飘忽不定的鬼火。

最初，如同所有鼻祖那样，老头子紧紧地抓住权力不放。直到他在医生那儿的时间比在办公室还多，实在没有办法了的时候，儿子这才胜利地坐上了第一把手的宝座。

于是他开始大刀阔斧地变革，调整一切他所能调整的岗位。他将员工降职又升职，他建立组织又进行改组，他做出决定又撤销决定。这个传统企业就像一个醉汉一样在行业里走得跟跟跄跄。

后来，整个行业都获悉了他们的混乱。很快，第一批员工被竞争对手挖走了，当然是带着手中的客户。少东家并不为此而遗憾，他高傲地在例会上说："跟昨天的顾客是没有未来的生意可做的。"问题是，他还没有找到未来的顾客，他的公司正面临破产。

这个故事并非偶然事件。许多经营良好的企业在新老交替后就陷入了疯狂的泥潭。这也不奇怪：就像昔日足球巨星的公子哥组成的国脚队伍不会有任何建树，文学大家的后代也写不出世界名著一样，富二代能否在管理上成就斐然，的确是一个问题。

法兰克福歌德学院的一个调查发现，大部分企业创始人在新老交替的时候注重的不是资质，而是继承人的性别。儿子总是优先。只有在"没有男丁"的情况下，女儿才有机会执掌大权，虽然女人常常会更适合。[44]

社会学教授日尔夫·豪贝尔建议说，交接的时候，企业家族应该较少地考虑税收和继承权的问题，而较多地注重家族活力。疯狂公司老板最喜欢的问题不应该是："我怎样才能节省遗产税？"而应该是："谁来掌舵更合适。"

否则，交接带来的，只能是毁灭。因为众多的研究表明：每一次交接，公司被倾覆的可能性都会随之提高。[45]通常第一代管理人还能够带着企业乘风破浪，可是第二代、第三代，最迟第四代继承人，就会带着企业连同它的工作岗位一起走向沉没。

疯狂公司的最后一位领导，将例外地不再是家庭成员，而是清算人。

案例：我是如何不情愿地获得升职的

一天，我的部门经理请求我陪他去见女老板，我不知道究竟为的哪般，所以当他们告诉我，我的上司将调往其他岗位，而我——"恭喜！"——下个月开始就是他的继任的时候，我惊呆了。

我差点从凳子上摔下来！五十出头的我什么都想，可就是不再想经理一职。"等等，"我说，"我的专业职位对我来说是崇高的，我想留在那儿。很遗憾，我必须拒绝这次升职。"

女老板早已习惯了一切都按她的指令行事，她使劲摇头："这已经决定了，没有什么回旋余地。"

> "可是您总不能强迫我……"
>
> 她当然能！虽然我抗议，并且绝望地提议了其他同事。第二天晚上，我坐在劳务律师面前，无奈地听他给我上课：根据合同，公司有权把我调到其他任何岗位，当然也可以是这个岗位。
>
> 这是一件难以置信的事情：许多同事或许会为得到这样的位置而高兴坏了，可是他们却偏偏把这个我不愿意做的任务交给了我。我没有丝毫的动力。
>
> **迪尔克·维斯纳，机器制造工程师**

---

§35 疯狂公司规则： 企业家的死亡带来的是交接，交接带来的是企业的灭亡。

秘书大战

如果有哪个职业会被疯狂公司老板认为是多此一举，那么这个职业一定就是秘书了。偏偏是这个低工资高付出的岗位，要被人从组织结构图里抹去。

然而有趣的是，那些决定取消秘书岗位的人，也就是老板或是高管，在前厅还配有一个女助理。通过辞退秘书处的下级工作人员，助理的身价随之得到了提高。与那些无足轻重的下属相比，助理自然是永远无法放弃的。

"秘书是多余的"这种想法是从哪里来的呢？所有管理层人员来我这儿咨询的时候，总是要抱怨："我根本无法开展我的本职工作，太多的无关紧要的琐事分散了我的精力。"这一现实在互联网时代越发显得突出了，一些经理也因此成了随机电邮和短信遥控的傀儡。处理这一切需要时间甚至才智。伦敦大学的一个调查表明：经常性地接收电邮会让智商暂时降低10点，而服食大麻仅会降低4点。[46]

有一个问题总是困扰着我：经理们究竟要领导什么呢？是他们的员工，还是单纯的文字往来？虽然他们可以取消秘书这个职位，却取消不了秘书的**任务**，它们会待在领导那儿。没有了秘书的领导们会无休止地和无关紧要的电子邮件与信件抗争，他们用两个手指敲打着键盘，给邮件打钩，在文件架上翻找、搜寻文件，在会议间隙的那点儿时间里气喘吁吁地跑前跑后，以获得信息。要是有一个好秘书，所有这些早就为他准备妥当并放在桌上了。

这种"秘书领导"要巧妙处理这么多紧迫的问题，以至于会看不到真正重要的问题。他们哪里还有时间提出新的策略，准备重要的展示会，或者加强自己的学习？领导的核心作用——管理任务，首当其冲最受影响。

这种经理在员工的印象中总是手忙脚乱，他匆忙的脚步使他忽略员工们的需求（"您过一会儿再跟我谈……"），每年一次的员工面谈他也忘记了。如果他吭声，那也只是因为他在抱怨员工犯错或是宣布某个噩耗，再不就是把一项高难度的秘书工作推给有专业资格的人员。

这也难怪，因为他要同时履行两项职能——经理的职能和（还未掌握的、行动缓慢的）秘书的职能——即便是每天工作10个小时也不够。

这些经理的眼光是如此短浅，他们身边的一个啤酒杯垫子也会显得像平原一样宽广。人们节约了35000欧元的秘书年薪，却同时让一个年薪10万甚至更多的经理把一半的精力消耗在秘书工作上。这就像一个高薪的足球运动员，一半的时间不用在足球场上，而是忙着在球场外围当球童——只因为俱乐部想节省球童的费用。

与此相反，那些还拥有秘书的经理们深知秘书的价值。根据办公用品公司莱茨的一个有250名经理参与的调查，十分之九的经理们表示，他们的助手们意义重大。秘书们有一半的时间用来处理日常工作：

写信、电邮，接听电话，处理文档，安排出差，准备会议。

　　然而他们的任务远不止这些。四成的经理们要求他们的秘书拥有企业管理方面的专业知识。每三个人中就有一个要求秘书们必须懂外语。[47]这样听起来，他们差不多已经是代理经理了，而不是那个解雇了也不会造成任何损失的女打字员。

　　我在一个中小贸易企业追踪调查了一起不光彩的"击沉秘书"游戏的案例。我的客户在那里和他的三个同事平级担任部门经理，这些中层经理每人都有自己的秘书。

　　然而后来，老板想到了一个"绝妙"的主意："我们组建一个秘书处！"这听起来似乎很庞大，其实是另外一回事：四个女秘书中要辞退两个，剩下的两个组成一个秘书处，同时为四位部门经理服务。

　　谁留谁走，这个决定老板让四位经理来做。可是哪个经理都想留下自己的女秘书作为在公司的盟友，他们当然是希望她会优先处理自己交代的任务了。此外，也因为这是一场权力的竞争：谁能留得住自己心仪的人选？谁的人选必须离开？

　　"一位经理不惜使用一切暴力留下自己的女秘书，"我的客户这样说，"于是不久后他就散布其他女秘书的谣言，如某个女秘书和她的经理有染，而我的女秘书则被背后议论为工作很粗糙——这当然完全不是事实。"这种挑衅导致了经理之间的针锋相对，大家很快就都置身于这场女秘书大战之中。没有人再忙于工作，大家都在斗争。

　　最后老板不得不下了死命令，我的客户的女秘书准予留下。"就为这，我招来了无数嫉妒。现在，如果秘书处不能及时完成某项任务，就总会被说成：'你的女秘书连一根指头都不愿意为我们动。她只为你工作！'"部门经理们之间多年形成的团队精神，如今毁灭于高加索灰阑。

　　秘书们的工作当然也受到影响。重要的任务被搁置，预约的日期被遗忘，文书有错误，会议记录迟迟未完成。可是这些真的令人惊奇吗？疯狂公司真的相信，两个秘书可以胜任四个秘书都忙不过来的工作吗？

　　套用亨利·福特的名言，在疯狂公司大事记上应该写上：谁为了钱而取消经理的秘书，谁就可以为节约时间而把表调停。

---

§36 疯狂公司规则：只要老板自己干秘书的工作，女秘书就是多余的。可是谁来顶替缺席的老板，这个得请秘书处来解释。

7
"我们的老板疯了!"

　　癫狂如今不再必然意味着被送进精神病医院……另一
个选择就是:那些数量众多、装备舒适的领导层。

要说老板们有一颗螺丝钉松了那是不对的，有时候是有两颗。[*]
老板这个神经病让每个人——连疯狂也不例外——都对他言听计从。
这一章节我会同您透露：

- 为什么我们经理的偏好是饥饿的老鼠、咆哮的鱼贩，而不是管理
  学的大作家；
- 为什么经理中精神病患者的数量比全民中的数量高八倍；
- 一个十足的"中子杰克"如何把"员工滚蛋球"变成了企业运动；
- 一个中产者的老板是如何通过"只有全勤才能获得奖金"这一规
  定，把他的整个公司变成医院的。

关于老鼠和经理

　　圣诞节！谁能自救就自救吧。金属加工企业的350名员工迎来的是
恐怖的节日。每年圣诞晚会，飘下来的不是雪花，而是滔滔不绝的讲
话。企业领导发言至少一小时后，晚会才得以继续，此时联欢会早已
成了瞌睡会。

　　他的讲话是如此"庞杂"，就像南看台上的比赛呐喊声。他每次都
只传达一个信息，例如，我们需要节俭！他把这个口号变换着重复了
一百遍。

　　当他讲到最后一句话时，员工们舒了一口气，因为他们终于可以
从"人质听众"的角色中解放出来了。但他们的呼吸也太辛苦了，因为
头脑里植满了每一次的圣诞口号。他们之后在盘子里看到的，突然就
不再是圣诞鹅和丸子了，而是不必要的成本开支。

　　但前年圣诞节发生了意想不到的事情。营销助理赫伯特·柯尼希

---

　　* 在德国，说某人有一颗螺丝钉松了，意思是他疯了。　　译者注

（35岁）告诉我："当早上到达公司时，我们几乎不敢相信自己的眼睛：在每张桌子上都放着一个包装精致的礼物。显然那是一本书。"员工们首先阅读了附在礼物上的圣诞卡，上面写着："老鼠可以做到的，我们当然也可以：改变我们自己。祝愿我们在新的一年里事业成功，祝你们大家圣诞快乐！"

赫伯特·柯尼希摇了摇头，继续说道："起初我还想，老顽固现在终于疯了。难道他看到老鼠了？"可当他拆开包装拿出书一看，一切尽在文字说明中：原来那个礼物是一本管理指南书——《谁动了我的奶酪》。

好奇的赫伯特·柯尼希翻着书："我首先想到的是，这是一本童话书，是给孩子们的礼物。字体超大，有的一整页只有一句标题。"这些句子初听起来都很简单。例如："谁有奶酪谁幸运。"或："谁不改变，谁就可能被淘汰。"或："寻找奶酪，享受奶酪。"[48]

这本书事关一套"管理丛书"。出版商这样称呼这种类型的书，是为了他不必特地说明，这是一本"给成人看的童话故事"，尽管这更贴近实际。这本薄薄的小册子所要表达的信息是如此简单，几乎所有小学生，或者必要时还有那些没有时间看书的"一分钟经理"（另一本书的标题），都很容易接受。

"老鼠策略"的情节很快就描述完了：一群老鼠生活在一个迷宫里，看样子那里到处是奶酪，以及一个取之不尽的食物源泉。然而有一天，奶酪吃完了。一群老鼠在他们的旧环境中寻找食物，却白费力气。另一群老鼠去寻找新的食物来源，而它们有所发现。

换句话说：谁走上新的道路，新的机遇之门就会为谁打开。这种说法的惊奇性，就好比说把12月31日当作除夕夜来庆祝一样。

"我当然读了这本书。"赫伯特·柯尼希说。"我毕竟想参与评论。"他的意思是：一起说人坏话。

从那以后，员工们总是在走廊和咖啡间互相喊叫，将手指张开得像爪子一样，喊着："当心，老鼠！这里来了一只饥饿的猫！"或者他们会笑嘻嘻地问："我在寻找奶酪。十万火急，奶酪。你们今天谁在上班时间做了奶酪？拿出来！"

员工们凭直觉总结出：这个读物与现实的相关程度，就像大树和前滚翻一样不搭界。

令人遗憾的是，礼物并不是圣诞训话的替代品，而只是一个补充。这一次疯狂公司老板以送书借题发挥，鼓吹了变革的必要性。他的员工都前所未有地精神集中，以便憋住笑声。一个怪诞的情景出现了。赫伯特·柯尼希接着说："每次他发言讲到老鼠和奶酪，我都要用手捂住嘴巴，否则我会笑喷的。一位同事甚至要假装咳嗽而跑到走廊去避难。"

也有一些员工一直到圣诞节之后都牢牢记住了老板讲话中的词汇："那些具有进取精神的员工，以后在每次会议上都会扯到那本书，还给老鼠取名为'忙碌'、'嗅探'和'骰子'。老板总是为此激动不已。于是我们私底下开玩笑说：'你只需要对老板说'奶酪'两字，他就会批准给你所有的奶酪。'"

> **§37 疯狂公司规则：** 当一本书和一个经理人的脑袋撞在一起的时候，如果听起来不实，那么空心的只能是书。

圣母无原罪

"告诉我你在读什么书，我就能告诉你，你是什么样的人。"如果这种说法是真实的，那么德国疯狂公司领导层就会处于不利境地。老板们的畅销书不是领导们的研究报告，也不是未来学家的幻想巨作，当然更不是——见鬼！——纯文学书籍，如约翰·沃尔夫冈·歌德写的发展小说《威廉·迈斯特的学习时代》。他们的书架最前面放的是页数少、内容简单的管理丛书，价值仅仅比迪特尔·伯伦*的言论多一点。

来我这里咨询的管理人员，十个中有九个从来没有读过彼得·德鲁克的著作，尽管他是有史以来最著名的管理学作者。这就好比有人想成为一个伟大的作曲家，却从未听过莫扎特的音乐一样。那些"迷你丛书"如"老鼠策略"或者"鱼"（一本极为流行的励志书），可以作为那基础丛书的补充，但绝不能取而代之。

而教育的差距还在不断拉大。2007年的一项国际调查显示，在美国和法国，大多数经理毕竟还会阅读书籍，德国三位经理人中却有两位从来不碰书架（甚至从未读过管理丛书！）。"难道我们的决策者是专业盲吗？"《经理人杂志》不无担心地发出疑问。[49]

这种领导人的天真，这种经理职位的知识无原罪，不是无迹可寻的。如果经理们认为员工只是多余的、可以抛弃的包袱，如果他们更关心降低成本而不是增加销售额，如果他们对待客户不是尊重而是像对待一个账户一样，那么从这种短浅的目光中，不难得出他们有"失读症"的结论。

"失读症"——是不是夸张了？不。在美国，研究人员发现，35%的美国本土企业主患有读写障碍，即所谓的失读症，所占比例超过整个人口平均比例的350%以上。[50]在我听到尤其是读到本地管理人员那么多的情况以后，我想，德国的情况也与此类似——不仅在拼写上，而且在有关领导的知识上。

许多疯狂公司的老板坐在领导牌钢琴面前，而毫无乐谱知识。他们通过他们的专业知识（而不是管理知识）得到了这个位置，就像处女生出了孩子般偶然。最好的工程师有一天会到设计部门当领导，只为了不再与他所熟悉的那些数字、程序和材料打交道，而去面对那些他从未曾学过怎么领导的员工。

---

* 迪特尔·伯伦,德国乐坛奇才,当今德国最成功的音乐制作人。连续九年担任电视选秀节目评委,以"毒舌"著称。——译者注

这是德国的一个奇怪的现象：每一个面包师都需要资格证书，要经过整整三年的培训，才可以为人烤面包。但一个经理人需要什么呢？唯一需要的是权力！领导们在其职业生涯中能学到所有可能学到的东西，唯独学不到如何领导员工。解决这个问题最好的状况也不过是通过一个快速的过程了事，比如为期几天或几周的学习班。

就这样，他们这些并未出师的管理者，用双手使劲地敲打着键盘，而使员工们遭受了各种不顺，诸如不和谐的氛围、错误的决定以及对他们能动性的不恰当的非难。

有必要这么疯狂吗？不，因为"真正的"管理书籍能告诉疯狂公司的老板们事情的真相。彼得·德鲁克最早认识到，一个公司只能做到像它的员工一样好。他不止一次地指出，员工不应该被算作成本因素，而应以"资产"的形式出现在资产负债表里。但他没有写商业书籍，而是写了综合性的专业书籍。他在《管理的变革》一书中这样解释说：

"大多数组织机构（……）仍然相信19世纪雇主所认为的：'比起我们依赖于员工，员工更依赖于我们。'然而事实上，这些组织机构必须使自己的成员变得更加诱人，就像它们在推销自己的产品和服务时所做的那样，甚至要有过之而无不及。它们必须做到吸引人，留住人，认同他们，奖励他们，给他们以激励，为他们提供服务，让他们满意。"[51]

这本书真的会是最好的圣诞礼物，尤其是对于公司老板。他看了以后，也许会头一回不再在圣诞晚会上滔滔不绝，而宁愿去询问他的员工，过去一年在公司的情况如何。

案例：当我偷听到上司判我们死刑的时候

当我把我的老板——一家律师事务所的负责人——对着录音机讲的话敲成信件的时候，意想不到的事情发生了：文本结束后，录音还在继续，只是变成了耳语。老板正在打电话给他的妻子。显然，他没把录音机关好。

当时所听到的，令我耳鸣脸胀：他把我和我的女同事们都说得一团糟。他称我们是"懒惰的无赖"，"蠢到连水都不会打"，还嘲笑一位同事的发音缺陷。被他批评并不是什么新鲜事儿，他一贯如此。新鲜的是，他并不实事求是地批评我们，而是对我们进行了口头处决。现在我们才知道他对我们的真正想法。

我们为此在办公室里质问了他，作出了一次真正的反抗。他扮演成一个受害者，说："我们每个人都说过蠢话。我肯定也不能听听你们是如何跟伴侣谈论我的！"至少这一点他是正确的，因为从那天起，我们都诅咒他！

加比·菲舍尔，律师助理

---

§38 疯狂公司规则：谁想驾驶一辆100马力的汽车，就必须有驾驶证。而想领导100名员工的人，却只需要：100名员工。

爆破式领导

"我们老板很欣赏我，"客户克劳迪娅·默格（42岁）在职场咨询中对我说。她在一家上市集团公司担任项目经理，和其他五位同事一起组成了一个小组，负责新产品打入市场的组织策划工作。

"您怎么知道你们老板欣赏您呢？"我想知道。

她微微一笑："几个月前我们开了一个早上的碰头会——只有我们项目经理参加，没有老板。在同一间会议室里，我们老板和大老板前一晚上也在同一间会议室里开过会。突然我的同事迪特尔说：'快看，老板们留下的挂图。'我们好奇地看过去，只见那儿从上到下罗列着我们的名字。"

"是他们故意给团队留下的信息吗？"

"我觉得，他们只是忘记了那张纸。我们的大老板有个怪癖，只要他一开始说话，他就喜欢跑到挂图那里，边说话边涂写……"

"那就是说，那张挂图上的信息，是原本不应该让你们看到的？"

"是的！在每个名字后面都画有一个符号。我和另外两位同事都是笑脸，还有两位同事后面扭曲着一个问号。在第六个名字——迪特尔的后面，画着一个滑翔机……"

"你们怎么理解这些符号呢？"

"我们觉得，那是给我们的表现打的分。老板就是这样评价我们的。"

"那您觉得那些符号分别代表着什么呢？"

"笑脸的意思很明确，代表满分或者是八九十分。问号嘛，我们觉得是六七十分吧……"

"那你们怎么看那个滑翔机呢？"

"嗯，迪特尔是一个可爱的人，可是在工作上迂腐而不知变通。让他调查一个产品的细节，他会搬出这个产品的全部历史。看了那个符号，他非常困惑地问我们：'什么，你们说，他们想告诉我什么？他们是害怕我一飞冲天？还是觉得我是个天才？'"

"您怎么回答？"

"我什么也没说，我们都很尴尬。后来，这个问题在食堂里成了第一话题。有的说，那符号表示迪特尔必须将工作水准提高到另一个高度……"

"其他人怎么说？"

"他们认为，迪特尔会被炒鱿鱼……"

这个说法最后证明是对的：几个月后两位老板召见了他，给了他一笔赔偿金，就把他扫地出门了。正如克劳迪娅·默格述说的，这件事让部门中的同事目瞪口呆："那些名字后面画了问号的同事，从此再也不敢担当任何责任，凡事都推给我和其他两个"笑脸"同事。他们想的无非是：只要犯一个小小的错误，我们就得走人了。"

必须强调的是：这个故事发生在一个素孚名望的集团，它的经理们个个都是通过人才评估中心挑选出来的，之后还通过众多课程的培训，并且有私人教练的支持。即便如此，这里看样子实践管理的似乎还是"疯狂"二字，把工作岗位当成角斗场，把员工们当成角斗士。在最高处的领导看台上，老板们或竖起拇指，或倒竖拇指，以此代表着一个人的职业生涯的延续或毁灭。

这件事充分体现了独断和专行。没有人在辞退迪特尔之前告诉过他，他的工作在哪些方面还有待改进。"除了间或的抱怨和牢骚，什么也没发生过。"克劳迪娅·默格这样说。

著名的现代管理英雄杰克·威尔奇——通用电气公司的常任总裁，给管理界带来这样一个疯狂的主意：他将员工划分为一至三等，像罐头蘑菇分装入瓶。这个为人随便的美国卓越管理人士，在世界经济媒体中也以"中子杰克"的绰号出现，一个以爆破力清除一切路障——包括他的员工——的男人。

他领导员工的信条，就是残酷的淘汰制。他把员工分成三档：最好的占20%，中等的占70%，还有10%是最差的一档。[52]最好的一档，所谓A选手，他会用奖金、股票期权、表扬、关爱、培训来溺爱，对于那些70%的中场选手，他会给予他们"一分子"的被认同的感觉。

"至于最下面的10%，或者说C选手，"中子杰克这样说，"不必说什么好听的，直接让他们卷铺盖走人。"这就意味着，公司每年都要将某一"定额"的员工赶出公司大门之外。这种既明确又残酷的用人哲学在德国疯狂公司的领导中能够找到不少共鸣，在裁员时期就更是如此了。

可是，难道杰克·威尔奇这位爆破式领导的观点不正确吗？难道不是每个团队里都有那么几个同事，他们以其行动迟缓拖着团队的后腿，或者其马虎潦草造成团队出错居高不下吗？难道把腐烂的苹果从筐里剔除不是每一个领导的分内工作吗？——这也是为了保护团队的其他成员啊。

只不过问题在于，作为疯狂公司的负责人，如果不去领导员工，而是去挑选什么淘汰定额，他就不会注重员工的绝对状态——而只注重相对状态。如果人事篮子里有十个苹果，那其中一个就必须有一个是腐烂的，即便它看上去鲜红脆嫩。扔掉它！就这样了。

作为领导人，谁要是刻意地去寻找最弱的员工，那么他很可能就会找到，就像他很可能会忽视对方的长处一样。而实际上，一个领导人的真正任务是发现每个员工的长处，并使它得到发挥，从而为公司服务。行为治疗师们知道，把注意力都集中在短处的人，只会使它更加强化。

上文援引的那位让员工"飞走"的疯狂公司的领导，其做法愚蠢而幼稚。他没有周全地考虑，只看到了员工身上的问题，却没有看到自身的问题。到底是谁将这个员工招聘来的呢？是谁把他安排到了这个工作岗位上的？又是谁和他谈个人发展目标、制定进修计划、分析他的潜力、反馈工作情况？

我一次又一次地发现，一个用一个手指指着员工短处的领导，实际上是在用三个手指指着自己。那些臆想出来的差员工，往往都是领导风格的产物。为什么——如果不是因为领导的错误——他们会被聘用？为什么——如果不是因为领导的错误——他们能顺利通过试用期？为什么——如果不是领导的错误——他们没有有助于他们进步的培训课程？为什么——如果不是领导的错误——他们会在被辞退的时候目瞪口呆，而没有在此之前和他们的领导做过明确的交流？

然而，自我批评没有通往领导层的通行证，因为那儿住着疯狂的自以为是。纽约经济心理学家保罗·巴比亚克发现，处于领导地位的雇员，罹患精神病的比例比全民每一百人有一个的比例高八倍[53]。拼命往上爬的那些人，孩童时期往往就不得不忍受自恋的折磨。他们——从前软弱无力，今天希望做事事做主的强者，以避免他人对自己指手画脚。领导只是他们的一种自我逃避。

一位好的领导不会像极端自私者那样，而更像一个花匠，他开发一块苗圃，把每一位员工都安插在正确的地方，并促进他们的成长。关系的土壤通过反馈、培训和卓有成效的关系得到施肥。当一棵苗儿长势不顺时，花匠会问自己："为了我的植物长得更好，我还能做些什么？"

不过，谁要是只拿起铁锹把作物从苗圃铲出去的话，就不必思考自己的失败了。他或许是一个 A 领导，不过这个 A 只能是我在这里不便明说的另一个词的缩略语。*

> **§39 疯狂公司规则：**只有少数一流的员工、众多二流的员工和太多三流的员工。悲剧在于，三流的员工总是聚集在一流的上司周围。

新扫帚扫地更干净

像操着正步接受自己的部队问候的将军，一家能源公司的新区域负责人走过走廊，并召集他的员工们开会。他的语调响亮而有穿透力，仿佛要震醒那些瞌睡虫一般。这个目的他的确也达到了。

新老板把话说得很明白，他要把公司推倒重来。在前任的工作中，他似乎只发现了一种潜能，那就是改造。他来自竞争对手公司，他更知道一切。

他排上日程的第一个项目，就是在国外合作伙伴那里的展示会。他带着自负的微笑说："我发现，每年都会有六位数的预算被这样的海外差旅浪费掉。你们当然都知道'视频会议'这个词。将来所有合同

---

* 作者指的是德语骂人用的不雅单词 Arschloch。——译者注

价值在25万欧元以下的展示会，我们都将在公司驻地完成。凭借这种方法，我在之前的公司也取得了很好的绩效。"

员工们对此强烈反对："那些和我们交往了十多年的老客户，对于这种公事公办的形式会怎么说？还有，那些众多的不具备视频技术条件的中小企业，该怎么办？"

新老板标榜自己是客户的朋友和帮手："这其实正是一个激励客户增加订单总值的好办法。正如我所说的，如果订单价值在25万欧元以上，我们没有理由不登门造访。此外，那些还不具备视频会议条件的公司，应该感谢我们给予他们的小小的提醒：我们正处于21世纪！"

员工们简直不敢相信这样的"一笔勾销"：你们公司不是每年都有好几百万欧元的高额利润进账吗？这样的成功难道不是靠众多的中小顾客——也就是订单总值在20万欧元以下的那些公司——的光顾吗？新老板的这个策略究竟要达到什么目的呢？

疯狂公司新老板的"变革热"燃遍了公司每一个角落。例如，他从他的老东家那里带来了一套报价文本标准化的"工具"。据说有一次他发现："每一份报价听起来都完全不同，有时随便，有时正规，完全没有统一的标识。企业的形象在哪里？不久以后我们会引入标准化格式。"

员工们不同意他的说法，认为那恰恰是公司的长处：对每一位顾客都做个别的特殊的对待，而不是供应批量产品。新老板反驳道："原来你们这样看。我却要说，这叫'不专业的优待'。是时候把这些'标准'推上日程了。"

一个才来了最多一个星期的新老板，怎么能说他比干了好几年的前任懂得还多？在还没有完全了解流程、没有询问员工、对企业文化和特性没有完全理解之前，他怎么能做出决定？

大多数新上任的老板都会高估自己。他们认为早在公元前，也就是他们还没有进入公司的时候，整个公司就是废物一个。没有独特的想法，没有有能力的员工——只是废墟和崩溃。

然而现在，这个灾难最严重的时刻——即便利润每年几百万——

他们像计划中的救世主一般出现，并让众人看到自己的作为，犹如熟悉的大自然景观：一个动物父亲，比如一只公猫，杀死了非亲生的小猫（特别是小公猫），精心地保护和照料着自己的后代。

一套商业模式或许已经经年有效，而新老板却可以立即改弦更张，以便贴上自己的标记。员工们或许已经十几年如一日地证明了自己，而新老板却将他们推到第二线，取而代之的是自己的弟子。

疯狂公司新老板希望做一些没人能够忽视的事情，这也可以是非宗教的形式。我了解到的一个中介公司的女经理，她利用的就是"壁画"。从前白色的办公室墙壁，全被涂成了橘黄色，无一处例外。她借此将自己装腔作势成一个现代人事心理学家：有研究表明，墙壁颜色有利于工作的创造性。

这样做的效果就是，无论是谁来到这家公司，顾客、快递员还是出租车司机，都会立即问道：'哎呀，带颜色的墙啊！你们怎么了？'回答是：'我们来了个新老板'。女经理的确做到了给人留下难忘的印象，只可惜不是在经营数字上（最初的几个星期她都没有关注过这方面），而只是关注公司的墙壁。

而他们要的，就是可以很快看得见的效果。于是紧张、冒进取代了从容行动。当一个新人提着气锤发动变革时，股东们难道不会高兴坏吗？经理们不恰恰被认为是"进取的"和"有创造力的"，一块砖都不留地彻底毁灭一切（即便他们毁灭的是延续下来的高墙）、热衷上演动作闹剧（即便生意原本可以静悄悄地进行），或是像吓唬一群小鸡似的吓唬员工（即便他们一直都在可靠地完成工作）吗？

这个疯狂公司新老板玩的是一个轻松的游戏：他可以闪电般地作出决定，树立榜样。可是这些决定的后果以及对经营业绩和员工士气的影响，通常要等到数年以后才能表现出来。而那时，老板大人早就远走高飞，去解救下一家企业了。

管理专家弗雷德蒙德·马利克在他的经典著作《管理成就生活》中这样描述那些动作英雄："如果人们更仔细地审查他们的简历，就会发现，他们只有**一种**能力，却掌握得堪称完美：他们知道何时该离开——他们总会提前半年，在他们所做的蠢事散发出臭味之前离开。[54]

持久的变化需要耐心和坚持：今天的播种，必须经过长期的成长和照料，直到收获。例如，那位女经理也可以通过营造尊重的氛围、打开自主行动的空间、把每一位雇员视作企业合伙人等途径，提高员工们的积极性和创造性。可这需要花费数年的时间。

给墙刷上橘黄色却只需短短的一周。

案例：我的上司是如何发现他不再是上司的

我就职于一家大型印刷厂，那儿的负责人近几年来变更频繁。几周前，当我在公司内部网查看未来几个月都有哪些新员工要入职时，惊讶地读到：两个月后，我工作的部门将有一位新负责人到任。见鬼！为什么我对此一无所知？

我和我的部门经理迪特尔有着多年良好的关系，我把他叫来问道："迪特尔，你看这儿，这条消息是什么意思？"他面如死灰，嘴巴张开了又合上，仿佛挨了一记重棍似的结结巴巴地说："这怎么可能！这怎么可能！"

可事情的确如此。他们把任职经理多年的他降职了，并且显然觉得没有必要通知他。他的老板仅仅向他提到过，他们计划增加人手。当震惊的迪特尔找他抗议时，老板便拿出这句话作为通知过他的依据。

埃贡·赫尔曼，清样摄影师

---

§40 疯狂公司规则：一个新老板毁灭的，就是他前任所建立的；
而他所建立的，又即将被他的继任所毁灭。

医院的病床

一家小型体育用品经销店的老板在扫了一眼统计数据后显然忍不住大为恼火：去年他的员工平均每人有6天时间，大约48个工作小时，都在生病中！是真的"生病"了吗？还是大家都庆祝生病去了？他和人事主管——我的一个主顾——讨论了这个问题。主管解释说，这一病假天数低于全国平均水平15％，但这并不能安抚疯狂公司老板。老板想做的是，通过各种手段彻底根除"病假"这一心腹大患。

今年1月份，该公司的150名员工都收到一封来自他们老板的群发电子邮件：今年年底将设立一项总额为500欧元的"特别奖金"，给所有到12月31日没有请过一天假的员工，并说"是时候给作出贡献的人——那些时常帮助他人做事的人一份恰当的奖励了"。

当然，员工也能读出字里行间的画外音：**"你们中很多人都是懒狗！你们请病假，实际根本没病。对付这种拒绝工作的办法只有一个：奖金支票。我们打个赌：你们的健康状况会一下子大大好转！"**

一些员工被激怒了。难道老板看不到，即便当时有人生病，工作也一样踏踏实实吗？他怎么可以把他们看作是一群装病的人呢？另一些员工没有跻身于咒骂的队伍，他们只是在脑子里盘算，500欧元除税后还剩下多少，能用作什么用途。

到了今年7月份，老板让他的人事主管打印一份中期结算。他研究过报表之后很满意：病假天数下降了20％。他带着胜利的得意说："你看，没什么药方比奖金更灵的了。"

而后秋天来了，伴随而来的还有一波流感。员工们没有后退半步，虽然他们咳嗽、气喘，手里时刻攥着纸巾，但还是勇敢地挪进了公司的大门。没有人愿意在今年的最后几个月因一个病休日而失去500欧元的支票。

如果有哪位来访者走过公司的过道，会有身处人类动物园的感觉：因为在那儿，他能看到大象吹号（擤鼻涕到手帕上）、野狗狂吠（咳嗽不止）、麋鹿疾驰（拉肚子的病人以最快的速度奔向厕所）。

在会议上，在食堂和咖啡厅里，生病的和仍然健康的员工杂处一室。他们不仅交换着八卦新闻，还通过交谈、嬉笑、握手交换着流感病毒。几天后，公司就像个医院，越来越多的员工脚底无力。症状从畏寒、盗汗开始，然后是咳嗽，然后是头部和关节疼痛。行军床的需求量大增。

办公室也日渐空旷了：员工们因发高烧而请病假，所报告的体温从38℃到40℃不等。最后，甚至连老板自己也因发烧、打摆子而倒在了床上。

最后，150名员工中有38人在同一时间病倒——这在公司的历史上前所未有。他们中的许多人要过一个多星期才能够重新上班。

我的客户作为一名人力资源专员，和他人握手特别多，于是成了此波流感疫情的第一批受害者。当他年底做总结的时候，发现了惊人的结果：公司员工平均病假天数从六天增加到了八天。老板用来减少缺勤天数的种种措施，反倒成了疾病的加速器。

为期两个星期的医疗让供应商亏了血本——但首先还不在于要支付的病假工资，因为大多数员工的忠诚度都还足以让他们在恢复工作后补上落下的工作，更多的是由于合约规定的交货日期不能得到保证，这就导致巨额违约罚款。

一些疯狂公司的老板希望"改善"员工的健康状况。比如，越来越多的企业在员工生病的首日就要求其出示患病证明；又或者，他们规定，请假时雇员必须亲自给上司打电话。这些刁难旨在让那些公司囚犯们远离他们最喜爱的业余爱好：装病不工作。

其实这些都表明，疯狂公司对自己的员工知之甚少。贝塔斯曼基金会的一项健康监测大型调查揭示了一个事实：七成人每年至少一次，尽管身体不适也强撑着去上班。三分之一的人士尽管有医生的劝阻也还是会去工作。[55]显然，员工宁愿伤害自己的健康，也不愿意拿工作岗位冒险，尤其是在经济危机时期。

2010年德国的首季病假数量几乎要触及历史底线。自2000年以来，这个数量下降了20%左右[56]。如果按照这条曲线的轨迹运行下去，那么疾病几十年后就将绝迹，诊所也可以关门大吉，而工薪阶层将永葆健康。

或许情形正好相反。因为本该躺在病床上的人却去上班，给公司带来的后果是灾难性的。美国的一项研究给出了一个壮观的结论：对公司来说，员工带病上班要比在家养身体昂贵750%！[57]这要么是因为工作的质量受损，差错肆虐，要么是因为疾病在整个公司快速地传播开来。

所以，那家疯狂公司老板——那位体育用品经销商，应该重新算算账了——假如他现在没带着病毒躺在病床上的话。

案例：我的老板是怎样从企业经济学者变成了主治医师

一天，管理层通过内部通知让他们"亲爱的员工"知道，他们打算改善部门的信息政策，对生病复工的员工也同样适用。在这基础上又引出了另一项措施：复工谈话。

几个月后，从两个星期病假归来的我，荣幸地得到了这样的面谈预约。我以为老板是想让我知道，在我病休期间公司都发生了什么，可让我震惊不已的是，他竟在我的病情问题上纠缠不休："你究竟是哪里出了毛病？""什么时候开始好转的？""你现在感觉怎么样？"

其实这些都是我的隐私，但他还是死缠烂打，揪住不放："毕竟作为上级我必须了解，制定工作时，能在什么样的程度上把你也计划进去。"在这种压力下，我不得不说出了患风湿性疾病的细节。接着他强烈地规劝我，要重视自己的身体健康。从话里话外我听出他的意思："别再斗胆请病假，否则会有大麻烦。"

其他几位同事也不得不忍受这种精神摧残，它甚至被伪装成了福利以及员工病后复工的帮助。事实上，我后来确实有好几次带病上班。有过一次这样的屈辱，我不想再体验第二次。

帕特里夏·贝尔，女商人

§41 疯狂公司规则：一位员工，只要他上班不用带输液瓶，下班不躺进棺材里，他就是极其健康的。

第二部分

逃出疯狂公司！

1
疯狂公司大测评

董事会的详细职责范围还没有划分清楚……

还可以将就着混日子吗？还是说公司的土崩瓦解已经指日可待？您作出的预测结果也透露出许多有关您评判标准的信息。从这里您将获知：

- 为什么您的价值观决定了您对疯狂所持有的态度；
- 您公司的妄想症究竟已经传染给您多少了；
- 为什么身处沙漠的企鹅不可能拥有快乐；
- 您的公司在"疯狂公司大测评"中将获得多少分（既包括综合得分，也包括单项得分）。

请细细思量，
什么最令您抓狂

　　一位项目工程师拖着身子无精打采地来到我这里做职场咨询，步履沉重得仿佛鞋里灌满了铅。他垂着肩膀，双眼无光，啤酒杯垫儿似的黑眼圈快要遮住了那整张脸。究竟谁把他折磨成了这副模样？！毋庸置疑：他的公司呗。

　　"我们那摊子真是彻彻底底地疯了！"他幽幽地抱怨着，"我的老板就是张大嘴巴，总是许诺给顾客不切实际的完工期。而我们，为了能保证他的交货日期，总是得——对不起——拼了老命去做。日程安排方面简直惨不忍睹。我总是这样踩着油门往前冲，一路在快车道上从没下来过，可同时我这儿的油箱早见底儿了！"

　　他的咨询目的：他要逃出这家疯狂公司。去哪儿都行！

　　几个月后，同一部门的另一位员工也来到我这里进行咨询。我做好了充分的思想准备，等着听这家疯狂公司的第二场好戏。结果这位女工程师的话才刚起个头，就让我大跌眼镜：

"您知道吗，我最喜欢我们公司哪一点？我们不是个死气沉沉的部门，不是只一再做重复工作的机器人。这里的每一天都让您充满期待，每一天都为您带来全新的挑战。我完全可以自由发挥，自行决定事宜。我喜欢这种紧凑的日程安排，它激发了我力求向上的冲劲。我可以调整出最佳状态，全力以赴，就像决赛中的短跑运动员一样。"

她的咨询目标：在这个公司内晋升。就在这儿！

而我想通过这次经历说明些什么呢？您的公司究竟是不是疯狂公司其实由**两个**因素决定：这不仅仅取决于您的公司，也还取决于您自身。虽然您会在本章结尾发现一份《疯狂公司大测评》，帮助您逐条分析公司的各种疯狂症状，而且您还即将获知，有些公司已被科学家们拿来和典型的精神病患者相比。

可是，那些能像测量发烧一样确诊的**绝对**疯狂公司毕竟只是少数。在更多的情况下，您的公司只是游走在疯狂的边缘地带，也就是**相对**疯狂公司。而这些尤其取决于您自己的感觉认知：您是和前面介绍的那位女工程师一样把公司看作"冲锋部队"，还是认同那位男工程师的观点，觉得这里"出奇的忙乱"；认为是"极具商业头脑"，还是"利欲熏心"；是"深谙调控之道"，还是"不折不扣的骗子团伙"？

您和您的公司之间存在着各种纠结，作为咨询师的我认为这里正体现了一种"系统性的相互作用"。这和两种相互反应的化学元素一般。只要把这两种化学元素加在一起，也就引发了一系列化学反应，而最后的化学产物究竟是香飘百里还是臭不可闻，当然要取决于这**两种化学元素**本身的特性了。

让**您**过敏，让**您**额头起满痘痘，让**您**如同生活在疯人院的公司可能在其他同事那里完全呈现出另一种模样。对于苹果过敏症患者而言，每个苹果都是枚炸弹，而对于苹果发烧友们来说，它则是不可或缺的美味。这两种情况（从主观上来考虑）都是真实的。

一家拥有6000名员工的公司以6000种模样存在着。每位员工的心中都有一家属于自己的公司。他们所戴的有色眼镜正是他们的"感觉认知"，他们用来衡量的标准尺度正是他们自己的价值观。建构主义心理学认为：人所感知的，就是真实的。[58]

为了避免接触到危险的过敏源，过敏症患者必须首先弄明白："我到底怎么了，我究竟对什么过敏？"这同样适用于与疯狂公司打交道的过程。您越了解自己，越了解您的价值观以及标准尺度，您就会认识得越清楚：您公司的哪些特质不招您喜欢？哪些场合会给您造成精神压力？为什么您会把特定的行为方式、特定的结构体系、特定的人群定义为疯狂？

这些自我认知可以从三个方面帮助您：一方面，您可以减少每天必须强咽下的疯狂的剂量；另一方面，您可以估测出过敏反应的程度并采取相应的行动——比如逃出疯狂公司；最后，您还可以在跳槽的时候有针对性地搜索公司，寻找到那些（极有可能）让您身心愉悦，而不是令您过敏的公司。

现在，您一定会问："如果大家都吃了同一个苹果，有的闹肚子，有的恶心呕吐，而有的难受不舒服呢？"当然，集体过敏的可能性并不大，更有可能的是这颗苹果有毒。

这是一个不得不让人遗憾地接受的事实：个别公司确实非常不着调儿，客观上也必须承认它们就是不折不扣的疯狂公司。只要大多数的同事在公司感到不舒服，您就可以断定这些公司属于绝对疯狂公司，列于最危险的级别。如果在这家公司里同事间诋毁的现象如病态般蔓延，越来越多的同事患上心理疾病，同事们都如霜打了般垂头丧气，那么这里出现的疯狂真的与员工们没有多大关系，而是这家公司自身出了毛病。

英属哥伦比亚大学的心理学教授罗伯特·黑尔通过研究得出结论：从医学的角度考虑，若干大型企业必须被判定为彻头彻尾的"精神病患者"，它们具有反社会的人格缺陷的一切经典特征。它们为了自身好处轻易撒谎，不择手段地争取利益，自私自利、冷酷无情、卑鄙无耻——各种道德败坏的现象，正如加拿大纪录片《合作》中深刻揭露的情况一模一样。[59]

如果在第 167 页的"疯狂公司大测评"中得分不高的公司同事越多，那么您就越有可能遇到了一家**绝对**疯狂公司（这一点根据个别的测试结果或者主观的归类，都不足以证明）。

在本书第二部分您将了解到，您应该如何归类您的公司所犯下的疯狂，以及您究竟如何才能逃离这一切不幸。一套早期预警系统将有助于您在跳槽的时候确保不再误上疯狂公司的贼船（第 204 页起）。

任务：疯狂大染缸——一次疯狂的实验

您认为您所供职的公司是疯狂公司吗？您想知道您是否因近墨者黑而被传染上了疯狂吗？那就请您拿出一张纸，写下所有您能观察到的公司的负面特征。您能写下几条？

我有一位客户，一位资深的计算机专家，曾经来向我咨询，希望可以找出他在公司里莫名其妙感觉不舒服的原因。我拜托他首先列出他观察到的负面特征的黑名单。最后在名单上出现了这样的描述："不诚信、吝啬、利欲熏心、无所顾忌、自私自利、傲慢无理、小家子气、固执、无趣、马虎、剥削。"

请您把您的这张单子打出来，放到可以信任的两三个人面前，注意不要提及您的公司，而只是说："我正在做一次小小的自我测试。麻烦您把您认为符合我个性的地方画叉标示出来。一个叉表示"偶尔"，两个叉表示"多次"，三个叉代表"经常"。请尽可能以诚恳的态度以及批判的眼光来处理。"

最后得出的结果让这位计算机专家瞠目结舌：他的妻子在"吝啬"和"不诚信"方面各打了两个叉。他追问道："那在哪些场合你从我身上发现了这些毛病？""从什么时候开始的？"那么"你发现有愈演愈烈或者逐渐好转的趋势吗？"

他的妻子提到一个表明吝啬的例子："这段时间以来，只要账单上的结算是整数，你在餐馆就不再给小费了。你以前不是这个样子的。"说明不诚信的例子则是："你网购书籍以后，用飞快的速度看完，然后以'预订错误'的理由把书退回并索回书钱。"

那么这些行为又是从什么时候开始的呢？结论是：大约半年前，也就是他在这家中型电脑公司通过试用期后不久。吝啬和不诚信的风气在这家公司早就根深蒂固了。比如他学会了：即便没有任何理由，也要把供货商的账单一再压低。"一开始我恨透了这样的做法，"他说，"但是一段时间以后也就习以为常了。我说服自己说，供货商一定早摸透了这套把戏，他们在报价的时候必定额外多算了一笔。"

不诚信的作风也表现在工作时间的折算方面："我的老板喋喋不休：'小时数要归整！'这话听起来无伤大雅，可话外音其实是在嘱咐：不要把没有付出的劳动折算进去。"

我的这位客户把他在公司所见识到的那套疯狂的游戏规则，**不知不觉**带进了自己的私人生活中。这次的实验让他恍然大悟：原来他不只是每天去一家疯狂公司上班——这家疯狂公司也开始渗入他的生活。他已经被这种疯狂所俘虏，成为它的一部分。他以前越是看重正直和大方这些价值观，现在的状况就越让他痛苦。正因为他每天践踏着这些价值观，甚至在私人生活也一样，他才会在工作中感觉到不甚满意，这也正是他一开始无法解释的地方。

他不再继续抱怨这家疯狂公司，而是立刻采取了行动。他申请了另一家公司，在那里工作的朋友向他极力推荐这家新公司开诚布公的企业文化。九个月之后，他离开了那家"疯狂"公司。

错失的跳槽时机

在工作中，一旦开始无法忍受下去，就必须跳槽吗？哎呀，说什么呢，一位很受欢迎的咨询师认为——只要改变自己的态度就已足够。难道不是所有的公司都有自己的小毛病吗？每次跳槽都改变不了的遭遇难道不是因为您自己的个性问题吗？您难道不应该首先磨掉自己的棱角，去与现在的公司建立起健康的关系，而不是从一场职场悲剧匆忙栽进另一场职场悲剧中吗？

《干掉工作沮丧》的作者福尔克尔·基茨和曼努埃尔·图施正代表这样的观点。这两位年轻的心理学家宣扬的核心观点是："所有的工作都是一样的，为谁工作根本无所谓。"[60]

这种观点大错特错吗？当然不是，他们两位还是揭露了真相的冰山一角。如果遭遇职场疯狂的原因出于**自身**，例如专横的毛病，那么只是更换工作，而不改善待人处事的方式，他在新公司就一定还会陷入和在旧公司一样的困境，因为他在新公司也要和新的上司打交道，少不了会重复那些老毛病。

然而，《干掉工作沮丧》这本书中存在两个基本性的错误。首先，它让人产生这样的错误认识：德国公司的员工如同观光游客一般，只是把现在的公司当作中转车站，时刻准备着投入新公司的怀抱。85%的员工都在"公开或者秘密"地寻找新的公司。

事实上，这些"秘密"的寻觅行为又是什么样的呢？大多数员工浏览招聘启事如同浏览旅游目录一般，他们虽然可以意淫着在新公司的沙滩上种种梦幻般的经历，但是，他们并不会去订机票，不会投出应聘书，而是继续"粘"在现有的职位上不肯离去。每位跳槽成瘾的员工旁边都至少有三位同事宁可在绝望中留守在一家公司。

员工们面临的最大灾难是绝望和痛苦、精神疾病以及自杀，其根源恰好**不**在于跳槽成癖，而是刚好相反：他们走向绝境，是因为他们赖在疯狂公司太久，太缺少跳槽的勇气，太少倾听自己的内心，承受了过多的精神压力。他们待在疯狂公司，直至被疯狂或者沮丧榨干了皮囊。他们错过跳槽时机而成为牺牲品！

如果您还告诉这样的员工说，"问题出在你们自己身上，和公司无关"，这只会纵容他们继续留守的愚蠢做法。丝毫不作为，一切的一切都维持原样，留守在疯狂公司，总是比踏足新的世界要容易得多。无论现实状态多么岌岌可危，他们始终占据着一个优势：熟悉！

《干掉工作沮丧》这本书犯下的第二个错误在于，作者显然借用了另一个领域的理论，也就是情感咨询师埃娃–玛丽亚·楚尔霍斯特及其畅销书《爱自己，和谁结婚都一样》所宣扬的观点，仿佛雇员与雇主之间的关系可以与恋人间的情感关系相提并论。

当然，有些方面确实具有对比性（见第 8 页），但是这并不适用于一个核心问题。一段感情中，**两个人**的地位是**平等的**，因此，通过自己的言行影响、改变另一个人的可能性很大。每一句话、每一个行为、每一份忍让，都可能在一段情感关系中开拓全新的境界。

但是请问，怎样才能让这样的改变发生在员工和疯狂公司之间呢？一位员工可以通过给公司送鲜花而换来激情吗？可以凭借他的诚恳表现而为整个公司重新赢回正面的价值观吗？作为个体的声音，他可以改变整个集团的语调吗？

绝不可能！因为这样的工作关系**并不**基于平等，而是存在着一个小差别：员工领工资，就得适应公司的游戏规则。他应当随波逐流，而不是逆流而上。他应当向领导、同事、企业文化看齐。只有接受了现状，才能被这个大家庭所接受。谁要是倔得像个驴，只能落得个被辞退的下场（见第 44 页）。

虽然疯狂公司中的"病人"可以改善与**个体**的关系，如改善与上司或者同事之间的关系，但是这些人都只是所谓的功能载体而已，都只是一套齿轮组里的小轮子，整个节奏控制在公司（非）文化那里。单个的"病人"永远不可能动摇整座疯狂公司。

先改变自己，然后影响另一半，从而拯救一段感情，这在恋爱关系中也许行之有效，但是在工作关系中压根儿不可能。

如果员工被送入（或者说就职于）一家疯狂公司，又不愿意立即去冒被炒鱿鱼的危险，那么这种情况下他还能做些什么？无外乎这三种选择：

（1）病人可以去**适应环境**。这不是个好主意。谁要是去适应疯狂，就一定会把自己搞疯了。这听起来虽然像是在开玩笑，但事实上很严肃：谁要是把自己改变到在镜子中都不再认识自己，扭曲了自己的人格，就很有可能陷入自我身份认同的危机。

（2）病人可以**假装适应了环境**，但是从内心深处与公司划清界限。许多员工都采用这种战术，他们虽然每天上班，却把真心留在了家里，这是一种内心的叛离。但是，我们除去睡眠有近一半的时间都在工作中，而如果为了这个工作我们还不得不作出天大的牺牲，我们的生活还会幸福吗？如果一个人在工作中扮演着虚伪的角色并且压抑情感，他在私人生活中又如何实现真实并享受愉悦呢？谁能保证，这种疯狂不会如水滴石穿一般渐渐掏空他的躯体？德国哲学家特奥多尔·W.阿多诺尔之前不就是认为错误的生活无法过得正确吗？

谁要是打算以这种伎俩在疯狂公司中蒙混过关，那么他就是误进了狮笼——早晚会被吃掉，比如丧身在一场毫无来由的解雇浪潮中。

（3）病人还可以勇于承认事实：**我不该待在这里！**他认清眼前形式，知道他的个人价值在这家公司无法实现。期望公司来适应他，这一想法简直太幼稚了，这就好比沙漠中的一只企鹅在期待下一次冰河时代的到来。现实的想法应该是：

只有一个办法可以摆脱这种疯狂，那就是必须寻找下一个更适合他的雇主，找到一个可以活出个人价值的地方。只有价值观念相统一，才能够搬走堵在幸福面前的屏障。

不幸的是，许多员工正像沙漠中的企鹅一样，死死留守在他们的公司中，他们幻想的气候变冷还遥遥无期呢。

追随价值观

1200万美元，这是洛杉矶格蒂博物馆获得的关于一座希腊青年雕像的报价。这个价格似乎也还算合理，毕竟这件艺术品已有2500年的历史了。前来的专家们也始终认同这个事实，毕竟数月来，他们借助了最先进的仪器，对这个雕塑进行过细致入微的鉴定。

就在最后时刻，几位艺术行家决定再仔细端详一番这座雕像。这次他们所带的唯一检测工具只有他们的直觉。然而，情势急转直下：纽约大都会艺术博物馆的前任馆长托马斯·霍温先生在第一眼看到这位青年时就不禁怀疑，这更像是新近完成的作品。另一位享誉盛名的希腊首席考古学家则立刻感到一股寒气，好像自己与艺术品之间隔了一堵无形的墙。

事后得以证实：这尊雕像是一件精湛的仿品。之前所有的科学实验都无一例外地败下阵来，而真正洞悉真相的却恰恰是所谓的第一眼印象、内心感觉以及直觉。[61]

这只是一个巧合？不尽然。直觉在很多情况下都胜于理智。我们每个人所知道的其实比我们自以为知道的要多得多。问题只在于，大多数人都忘记倾听自己的直觉——特别是在工作场合，似乎在那里只有实际的东西才算数。

我只要在职业咨询中察觉到这位员工正在一家疯狂公司工作，就会提出一个相同的问题："您觉得在什么样的情况下工作会让您感觉不舒服？这可能是一种强烈的感觉，例如愤怒或者伤心，但也可以只是**一种淡淡的**感觉，比如一缕难过或者一丝心烦。"

这是特意询问您的直觉，您可以独自设想一下类似的情景。您又可以联想到哪些呢？

我猜，您至少可以确定一点：只要违背您的信仰，背离您的人格，也就是践踏您自己的价值，那么您就**一定**感觉到不舒服。

有些冲突十分具有代表性，直接点明公司与您之间的基本价值冲突。这里有我在咨询时遇到的一则例子。

一位市场部助理讲述她在公司的不愉快遭遇时告诉我："最近，我写了封邮件。我的老板读完之后，稍微修改了两处。其实根本不是什么错误，只是个人语言习惯而已。他让我修正过来，然后再给他过目一下。我当然按要求做了。一切正常。但是半小时以后，一位同事问我：'天啊，您这是怎么了，好像霜打了一样？'我自己根本没有觉察到，但这确实是实话：我感觉真的很差。"

这反映了什么问题呢？在咨询中，我了解到这位市场部助理是一位极具工作热情而且独立自主的女性，她从小就在父母的店里帮忙；多年来，她一直负责一个协会青少年组。她喜欢接管事情，勇于承担责任并作出决定。

然而，她在她所在的公司里又获得多少自由呢？为什么她的老板认为有必要对邮件再进行一些细微的品位上的修正？他为什么竟然还要再过目一遍修改后的文章？这位助理承认，这样的流程对于这家疯狂公司非常典型，这里充斥着一种猜疑的文化，拥有一套监控的体制。她的老板只相信他亲眼所见的，而她老板的老板又不放心她的老板。工作时间需要打卡机控制，出差行程需要靠路径规划软件来核算。甚至在她组织的客户问卷调查中也要由两位领导前来监督，虽然从业务上来说他们根本没有理由出现。

这位市场部助理的生活中最重要的价值理念正是自主决定权以及担当责任的感觉，只要在可以享受到这些价值的地方，例如在她的青少年组里，就可以让她容光焕发。而在公司里，她却每天只能面对着监控，还有那些等级观念。她自己的价值体系与公司的管理氛围截然相反。

在咨询中，我们得出以下结论：在这家公司里，她不可能快乐，最多只会变得神经质。

公司也必须符合您的价值取向，否则您必将迎来一段疯子般的工作关系以及人格的堕落。热爱诚信的人如果去了"逗你玩儿公司"就是入了地狱，钟情于脚踏实地的人一定无法忍受"速度至上公司"，重视安全的人则会被"朝不保夕公司"逼疯。一位热衷于协同合作的人看到"倚强凌弱公司"，难道不会怀疑这是家绝对疯狂公司吗？

所以，谁要是想和公司（永）结同心，必须检查两个方面：他自己的价值观；还有公司的价值观。这两方面越有交集，就越感觉不到疯狂——这才会是一段幸福的工作姻缘。

任务：生命中五个幸福时刻

请回忆五处让您感觉最幸福的场景，并用简短文字记录下发生过什么。例如："我们开着房车去了美国。每天都行使在公路上，每天都观赏新的景色，每晚都在不同的停车场过夜——这种感觉实在太棒了！"

现在请从这五次经历中分别提炼出三个您认同的价值理念。关于这趟美国之行可以是："热爱自由、冒险刺激以及渴求改变。"

任务完成后，您在纸上已经写下了 15 个价值理念。请注意那些重复出现多次的或者相互关联的理念，这些对您似乎特别重要。

那么现在，请划去其他的价值理念，只留下三个最重要的。逐个思量这三个价值理念，扪心自问：我的公司也需要它吗？我能在公司实现这个价值理念到什么程度？请给出 1 分到 6 分，1 分代表最好，6 分代表最差。最后的平均成绩会是怎样呢？

如果分数是 1 分或者 2 分，那么，那家公司的文化与您的价值取向完美匹配。如果是 3 分或者 4 分，那么就要反思一下：您还能做些什么去加强实现这些价值呢？如果对您来说"改变"这项价值理念很重要，那么有没有可能去实施一个新的项目？或者调换部门，去一个重视改变的地方，例如研发部门？

如果您给出的分数在5分和6分之间，那么您极有可能像那只沙漠中的企鹅一样感到迷茫——所有对您来说重要的，对公司都一钱不值，反之亦然。也难怪您觉得这公司就是座疯人院！

在这种情况下，只能快刀斩乱麻：您必须寻找下一个雇主。在此请留意公司所处的发展阶段。如果您重视"自由"和"冒险"，那么您就很适合处于创业期或者成长期的尚未定型的公司，而不太适合官僚作风严重的、企业文化为城市文化型的大集团（见第18页）。

另外，在适宜的文化中您的事业可以取得双倍的成功。这一点您可以在足球教练身上看到：在一个俱乐部他可能遭遇惨败，可是在另一个适合他的俱乐部，他会立刻带领球队捧回奖杯。

疯狂公司大测评：您的公司疯了吗？

您的公司有毛病吗？本次测评可以帮助您识破公司的疯狂。这里有 40 条关于您的公司的陈述，请按您赞同或者否认的程度进行选择。完全赞同请选择 5，完全否认请选择 1。

在这个测评结束后，您将获得两种评估方式：一种为综合测评（"纵观疯狂"），将给出您的公司的整体评价；另一种为单项测评（"细品疯狂"），将告诉您，您的公司具有（或者不具有）哪种形式的疯狂。

请为疯狂的测评结果做好心理准备！

评分标准：

完全不符合 = 1
基本不符合 = 2
基本符合 = 3
相当符合 = 4
完全符合 = 5

1. 您现在作为员工所了解到的公司情况与您在应
   聘阶段所展示的面貌一致。
   □ □ □ □ □
   1 2 3 4 5

2. 我的工作岗位与我预知的一样。
   □ □ □ □ □
   1 2 3 4 5

3. 公司内部的工作条件符合公司的公众形象。
   □ □ □ □ □
   1 2 3 4 5

4. 公司网站上描述的企业文化在日常工作中确实
   处处有体现。
   □ □ □ □ □
   1 2 3 4 5

5. 公司兑现对员工的许诺，例如升职机会。
   □ □ □ □ □
   1 2 3 4 5

6. 公司在公开场合（例如在记者招待会上）诚实
   守信。
   □ □ □ □ □
   1 2 3 4 5

7. 公司的产品与广告和销售所承诺的一致。
   □ □ □ □ □
   1 2 3 4 5

8. 针对顾客和合作公司的定价和谈判策略公正合
   理。
   □ □ □ □ □
   1 2 3 4 5

9. 公司把产品质量放在首位。
   □ □ □ □ □
   1 2 3 4 5

10. 客户总是深受欢迎，哪怕是在投诉的情况下。
    □ □ □ □ □
    1 2 3 4 5

11. 员工和供货商很少变动。
    □ □ □ □ □
    1 2 3 4 5

12. 员工在生产中的安全首当其冲。
    □ □ □ □ □
    1 2 3 4 5

13. 工作位置不会为了利润最大化而转移。

☐ ☐ ☐ ☐ ☐
1 2 3 4 5

14. 只有在极其严重的情况下才解除工作合同。

☐ ☐ ☐ ☐ ☐
1 2 3 4 5

15. 临时工虽然可以暂时缓解人员的瓶颈问题，但是不会取代固定员工。

☐ ☐ ☐ ☐ ☐
1 2 3 4 5

16. 老员工受重视并且一直到退休都受爱戴。

☐ ☐ ☐ ☐ ☐
1 2 3 4 5

17. 相互诋毁的现象极少发生。

☐ ☐ ☐ ☐ ☐
1 2 3 4 5

18. 如果利润增长，通常工资和奖金也相应上调。

☐ ☐ ☐ ☐ ☐
1 2 3 4 5

19. 遵守现行法规，即使外人无法知晓。

☐ ☐ ☐ ☐ ☐
1 2 3 4 5

20. 举报违规行为不被看作背叛，而是富有责任心的体现。

☐ ☐ ☐ ☐ ☐
1 2 3 4 5

21. 流程统一，分工明确。

☐ ☐ ☐ ☐ ☐
1 2 3 4 5

22. 部门上下齐心协力。

☐ ☐ ☐ ☐ ☐
1 2 3 4 5

23. 公司的发展方向清晰，员工知情。

☐ ☐ ☐ ☐ ☐
1 2 3 4 5

24. 重组管理层极少发生。

☐ ☐ ☐ ☐ ☐
1 2 3 4 5

25. 会议次数只限于必需的范围内。

☐ ☐ ☐ ☐ ☐
1 2 3 4 5

26. 没有过分官僚的作风，例如繁复的流程。

☐ ☐ ☐ ☐ ☐
1 2 3 4 5

27. 多数决定着眼于未来，而不是哗众取宠。

☐ ☐ ☐ ☐ ☐
1 2 3 4 5

28. 我的上级不常更换。

☐ ☐ ☐ ☐ ☐
1 2 3 4 5

29. 我知晓部门和公司的重要举动。

☐ ☐ ☐ ☐ ☐
1 2 3 4 5

30. 按照真实的业绩测评，而不是依靠自吹自擂。

☐ ☐ ☐ ☐ ☐
1 2 3 4 5

31. 我的上级有能力并且行为有责任感。

☐ ☐ ☐ ☐ ☐
1 2 3 4 5

32. 我的上级定期对我的工作提出建设性的反馈。

☐ ☐ ☐ ☐ ☐
1 2 3 4 5

33. 犯错时，我的上级支持我。

☐ ☐ ☐ ☐ ☐
1 2 3 4 5

34. 好的建议总能得到贯彻，谁提出来的不重要。

☐ ☐ ☐ ☐ ☐
1 2 3 4 5

35. 重大决策前，管理层听取员工的意见。

☐ ☐ ☐ ☐ ☐
1 2 3 4 5

36. 我感觉自己作为一个人被认真对待，而不只是劳动力。

☐ ☐ ☐ ☐ ☐
1 2 3 4 5

37. 公司支持我个人的深造。

    ☐ ☐ ☐ ☐ ☐
    1 2 3 4 5

38. 病假时我没有感觉到必须尽快回到工作岗位的压力。

    ☐ ☐ ☐ ☐ ☐
    1 2 3 4 5

39. 待人处事文明并且友善。

    ☐ ☐ ☐ ☐ ☐
    1 2 3 4 5

40. 我感觉，无论是性格方面还是专业方面，公司都信任我。

    ☐ ☐ ☐ ☐ ☐
    1 2 3 4 5

题外题 41. 我不后悔选择这家公司。

    ☐ ☐ ☐ ☐ ☐
    1 2 3 4 5

请填入您的分数!

问题	分数
1—10	_____
11—20	_____
21—30	_____
31—40	_____

总分

综合测评：纵观疯狂

请把问题 1 至 40 的分数相加（题外题——问题 41 独立评析）。

40—80 分：衷心的哀悼！您所在的疯狂公司名副其实！显然这里缺少一切可以称为正常工作岗位的品质：从诚意到领导作风。这样的雇主就像传染病一样——要小心点，不要让这种疯狂传染到您的身上。如果您公司大多数的同事也得出相同的分数，那么您真的是在和**一家绝对疯狂公司**打交道呢。

81—119分：您的公司是一家**相对疯狂公司**——不正常到有时可以把员工逼疯，但是也还正常到把整个公司将就维持住。请关注下面更详细的评析内容，找出您公司在那些方面不足，以及与您的个人价值理念又有什么程度上的冲突。这将决定您是否继续留守还是需要明哲保身，趁早离开。

120—135分：您的公司虽然还不曾发疯，但已渐露出疯狂的迹象。可能患有间歇性精神病，只表现在某些方面或者只在特定时间发作，大多或是一些无伤大雅的疯狂，或是一些具有娱乐性质的滑稽怪癖。您的工作积极性有没有受到影响，也要取决于您在这里是否可以实现个人价值观。

136—160分：谁没有一些缺点？即便是在公司，您也可以像在其他地方那样遇到一次莫名其妙的经历，比如一位犯二儿的同事，或者一位神经的上司。但是您的公司从整体上来说**不能算是疯狂公司**。我可以向您保证：隔壁的公司大楼里可能正上演着疯狂，与它们相比，您的公司已经是正常的典范了。

161—200 分：祝贺您！您显然在为一家完美的公司工作，这里言出必行，这里不只盯着季度盈利，这里官僚主义不是唯一目的，而且这里的上司把您当作人对待，而不是工作机器。唯一的危险：这么理智又这么正常的工作环境，可能也会让人感到无趣吧，您觉得呢？

单项评估：细品疯狂

此项详细的单项评估将为您勾勒出一张疯狂分布图，借助它您可以更准确地定位您公司的优缺点。

1. 您的公司不只相信谎言——也还认识真相？

问题 1—10：请把分数相加。

10—20 分：您的公司专注于一个特殊的商业领域：虚伪。它所说的话以及所塑造的门面与现实一点关系都没有。您的公司有什么不可告人的秘密？为什么要欺骗员工和客户？您又出于什么原因参与这一场闹剧，而不是逃出这一疯狂的魔爪寻求自我解放？

21—29 分：您的公司不是一座纯粹的谎言大厦——时不时也还掺杂着真相。但是在很多情况下，只要对公司有利的就是真相。重要的是，公司究竟在哪些方面撒谎、欺骗、隐瞒。这些行为符合您内心的价值体系吗？抑或是您只要去上班就感觉不舒服呢？

30—37 分：商业中展示的所有内容都必须属实吗？甚至是广告和新闻稿？未必。些许自吹自擂、些许夸张都不可避免。即便是公司，它也有浮夸的时候，也有编造事实的时候，但总体上来说还算正常，而不是过分的夸张。有一些谎言甚至对于取得生意成功十分必要——大多数公司认可的，即为标准。

38分以上：恭喜！您的公司显然不只是注意门面形象，而且还进一步坚持自己的目标。如果您重视诚信与真诚，那么您选对了地方。

2. 您的公司眼里只有利润——还是也有道德和价值观？

问题11—20：请把分数相加。

10—20分：您公司唯一遵循的道德就是收银的铃声，人道和责任感对于公司只是陌生的词汇而已。作为员工，您显然只是公司用来达到目的的工具——一种一旦不再需要，就被立刻扔进废铁堆的工具。在这样的公司里就如同在西部片里一样：如果您不先拔出"辞职"这把枪，您的对手可能就要先下手为强了。行动起来吧！

21—29分：有些公司自称为"资本社会"——这个称呼甚至十分贴切。利润最大化是公司至高无上的追求，时不时凌驾于公平和员工利益之上。但不管怎么说，这里也还具有社会福利化的基础。这些是真真切切的亮点吗？有希望扩大、加强吗？还只是因为受到了工会和外界的压力，不得已才为之？

30—37分：当然，您的公司也追逐利益，有时眼里的金钱也确实大于道德，但总体上来说，您的雇主的责任感高于金钱。您的公司在详细评析的第一点即诚信方面也获得好评？这说明您公司的企业文化很可能略高于平均水平。

38分以上：恭喜！您的公司很重视它的员工。显然，这一点在很多地方都可以得到体现。

3. 您的公司忙于扩大生意——还是只为自己考虑？

问题21—30：请把分数相加。

10—20分：日常工作如同一场骚乱。您的公司显然做了一切与原本生意背道而驰的事情，大搞官僚主义或升级混乱，而不去与客户沟通交流。这里存在着让您感觉不到有用武之地的危险。就像一辆一直只用一档驱动的保时捷，长此以往就磨坏了离合器，正如磨灭了您的工作热情一样。

21—29分：您的公司运转得不是很好，领导层显然经常给您制造麻烦。一些工作虽然进行得不错，但是也有一些被搁置、扼杀了。官僚作风和混乱无序吞噬了过多的时间和耐心。但是，这种程度的自我牵绊现象并不罕见，特别是在大公司，它们对此早已司空见惯。

30—37分：您的公司时不时自己伸出腿绊自己一脚。但它最多绊个趔趄，而不至于狠狠摔倒在地上。尽管组织方面有诸多不便，但是总体上工作进展得还算顺利。您显然在和一个组织打交道，就像名字所说的那样，或多或少还是有组织的，混乱不堪的日子只是少数情况。

38分以上：恭喜！您的公司大刀阔斧地向前发展，而不是自己挡住去路。这简直是发疯似的幸运。或者也就是：不疯狂。

4. 您的公司深谙领导之道吗，还是误导入疯狂？

问题 31—40：请把分数相加。

10—20分：《圣经》中有云（《马太福音》15：14）："若是瞎子领瞎子，两个人都要掉在坑里。"显然，您公司里的领导作风堕落败坏，信息策略不得力，您作为员工还不如您的工作合同的纸张值钱。相关的调查表明：对工作岗位上的满意指数来说，没有任何因素像领导风格那样重要，特别是直接上司的领导风格。您在这座疯狂公司里又如何忍得下去呢？

21—29分：哎呀，还有员工呢……显然，领导之道不是您公司的强项，尽管它在这里或者那里有所体现。您的上司有可能已经力不从心，或者他严格执行着公司最高领导层的精神：顽固的等级思想。如果您的公司同时在正直那一项分数不佳的话，那么这就是一个值得注意的警报——这里显然存在着一种不健康的文化。

30—37分：有时，您上司的领导行为毫无意义，但这样的彻底失败只是个例外。大多数情况下您的公司不仅知道它拥有员工，也还知道拥有员工意味着什么。最好的情况下，您的价值会受到上司的认同，并且拥有个人发展的空间。

38分以上：恭喜！您的公司遵从"珍重员工并予以发展机会"的领导和组织作风。

5. 题外题：后视镜里的真相

问题 41：请认真思考您的回答。

您是否任何时候都愿意再次在您的公司开始，这一题外题可以作为衡量您工作动力的标准。

如果您不假思索地选择了**1分或者2分**，那么您一定是上了贼船——您要考虑趁早上岸了。

如果您给出了**3分**，那么下面这个问题至关重要：这个评价在过去几个月（或者几年）有所改变吗？以前会是4分吗？如果是这种情况，那么您的工作动力可能在下降，并且不久以后就会跌落至2分（或者1分）。如果实际情况恰好相反，以前的分数是2分，那么这个上升趋势也可能会延续到4分。

如果您确定是**4分或者甚至5分**，那么我就只有一个问题可问了：您为什么要买这本书呢？

2
背后中伤不是解决办法

　　柯特曼先生，您的合同里可是清清楚楚地写着，您同意海外任职的……

背后戳人脊梁虽然不失为一种武器，疯人院的病人可以借此抵抗疯狂。但是，这个方法不可能真正解决问题。敬请看：

- 什么样的借口把员工困在疯狂公司；
- 为什么那些抱怨最厉害的员工最忠心；
- 为什么中伤的行为就像一个放大镜，加倍放大痛苦；
- 哪七种自身犯下的错误导致被送进了疯狂公司。

别再找借口了！

您的"疯狂公司大测评"结果如何？您的公司神志正常吗？或者说疯狂已经像一只挣脱绳索的看门狗结结实实地在您的公司的小腿上咬了一口，您的公司已经无力挣脱了？

因此，认为公司疯狂的某位员工决定采用语言攻势来保护自己：他的话语如同要炸毁公司的火药一样威力十足——当然这都是在背后偷偷进行的："老板提出的要求根本就是在发疯！""整个公司江河日下啊！""愚蠢如果能引起疼痛的话，这里早就是一片惨叫了！"

但是他在日常工作中的表现又如何呢？我敢和您打赌：他和疯狂本身半斤八两，不分上下，否则他在他们公司根本无法混下去。他一定遵从疯狂公司的规则，要不早就被警告了！他对疯狂公司领导言听计从，要不他早就被炒了鱿鱼。而且他愿意执行任何疯狂的指令，否则，他落个"拒绝工作"的罪名可就麻烦了。

这不是很不可思议吗？疯狂的批判者却同时也是疯狂的帮凶，是驱动器上的一只小轮子。他自己的行为正帮助那些他的言语所抨击的疯狂制度得以永存。

这种行为完全应该被送到打假部门审查。那些**既**批评疯狂公司**又**

同时效忠于它的人本身就是就一个活生生的矛盾。谁可以如此痛苦地兼顾两面而不粉身碎骨？所以他需要散布一些谣传来解释他的行为，他需要编造一些小谎言来安抚他的良知，在别人面前维护住自己的脸面。

几乎每周我都会在咨询中遇到这样的人，他们一方面批判自己公司的疯狂，另一方面却又能找出成百上千条理由来解释自己为什么还**必须**继续效忠于这样的疯狂。

借口的种类可谓层出不穷。这里有我点评的四则例子：

员工说：如果我走了，……

1.……**那么公司的情况就会一落千丈。**

潜台词：我是那里唯一正常的人类，手持着理智的光芒。我不愿意这光芒被人熄灭，否则公司就将陷入无尽的黑暗之中。这对大家都不利。

我的评价：这种理智的光芒不可能照射得太远，否则又怎么会充斥着混沌的疯狂？这根本不是在为公司担忧，而是为他自己：离开了这片熟悉的疯狂领土，他或许才是那个跌入谷底的人。

人们都热爱稳定。一座疯狂公司至少还提供了稳定的疯狂。对于这种疯狂，员工自有办法解决，就像堂吉诃德大战风车那般。与疯狂的斗争似乎赋予了生命另一种意义，即便生命真正的意义在这个斗争过程中消失殆尽。

2.……**那我就弃同事于不顾了。**

潜台词：这里的疯狂让人无法承受，除非这些消极的因素可以通过一个超级正面的因素，也就是通过一位意志坚定的模范，也就是通过我的现身而得以中和！

我的评价：那些过于懦弱而不敢去拯救自己的人，会把这种胆怯

179

藏在华丽的衣裳下，假装成一种忠于同事的团结精神。可难道亲自为别人做出示范，指出一条摆脱疯狂的阳光大道，不是比在公司忍辱负重，纵容现存的疯狂膨胀扩大乃至无孔不入更公平合理一些吗？

3.……那我在就业市场上可能会有麻烦了，因为我（以下理由轮番上阵）年龄太大或者太年轻，资历太高或者不够，专业就业面过窄或者过宽，等等。

潜台词：疯狂公司铜墙铁壁、不可逾越。我虽然想逃出去，但是根本没有机会摆脱这座牢笼。

我的评价：面对所有提出这个借口的疯狂公司的员工，我都会追问一个问题："到目前为止，您具体做过那些努力去寻找一家更适合您的公司？"大多数人都回答："还没有。"说尝试没有意义，只是猜测和借口而已。

员工们被困的牢笼本身与疯狂公司并无必然关系，更多地是取决于他们自己的信念。对于他们来说，疯狂就如同一件破旧不堪的家具，其实早就应该更换新的了，但是，由于惰性加上习惯作祟，最后还是不了了之。

4.……那么我就放弃了所有的福利，例如每年的奖金、长期的解约通知期限以及公司养老金。

潜台词：我不愿意离开这座非理智堡垒的唯一原因，正是——理智。正是那些可以彻底折算成物质财富的脚镣把我束缚在这里，否则我早就远走高飞追求自由去了。

我的评价：这些是事实又如何？难道每一家疯狂公司只要有钱就可以成为喂奶的亲娘？如果只是把一个人困在错误的人生中，困在疯狂中，那么长期的辞职期限究竟又价值几许？这些物质上的考虑，真的比每天背叛价值观、背叛信仰和天性更重要？

如果是，那么也就只有一种解释：这种疯狂已经彻底传染给病人了。

我是在谴责这些借口吗？根本不是。这些话也都曾经从我自己的口中说出来过，但我的观察是，如果自己欺骗自己的话，那么这个谎言就将越编越大，精神上承受的压力也就越来越重。直到有一天，这些谎言砸中了自己的脚，事实真相才无可否认。这时，疯狂的毒牙已深深地插入您自己的生活，一切都为时已晚！

您越早坦诚面对自己并且理清头绪，您就能越早赢回自尊和工作乐趣，并且戒掉疯狂。

任务：法庭辩诉

有一种方法可以帮助您弄明白：那些把您留在疯狂公司的理由对您来说是否真的成立？或者只是一些不符合您真情实感的狡辩？您最好在进行这项练习的时候找两位可以信任的朋友或者一位专业的咨询师陪同。

现在开始：请在一张纸上列下所有把您继续留在这家疯狂公司的理由。可以至少列出五条吗？如果不足：请您再仔细思索一遍并补充。

现在，请您把自己想象成一名法庭上的律师。这是一场非常重要的官司，双方的情绪都很高昂，您完全可以运用戏剧性的、激动的表情。现在，您从头到尾整理一遍写有理由的纸条，向陪审员，也就是您的两位亲信，各提交两份辩诉：一份是您的证词（"我留下来，因为我在就业市场上不可能获得其他机会"）；另一份则是把您的证词揭穿为伪造的证明（"实际上是我太懦弱了，我向疯狂妥协了"）。请尽量使两份证词都具有说服力。

练习结束后您再给出一份自我鉴定（这个练习也可以独立完成！）：哪一份证词更可以唤起您的激情，唤起您的活力？哪一份辩词让您内心纠结，措词生硬？大多数情况下您的语调、您的肢体语言，甚至是您眼神中闪烁的一个火花都可以透露出，哪一种观点是您的真情实感，哪一种又只是说说而已。

在您做完自我鉴定后，请询问您的"陪审员"：他们留意到什么？您在哪一份证词前表现真实？您的口头语言和肢体语言协调一致吗？哪些辩诉听起来更真实可信？

请认真思考这些反馈，在练习结束后回味几天，再写下：您从这次练习中获得哪些新的认识？这对于您的职业生涯意味着什么？最迟到什么时候您会采取哪些具体行动，将这些认知付诸实践？

中伤案件

必须满足两个前提条件，一位典型的疯狂公司成员才能转换为典型的疯狂公司反对派：一是这种疯狂必须显而易见，二是老板不在现场。唯独在满足这两个条件之后，他才会跳出来攻击。最好是以小组的形式。同仇敌忾的员工凑在一起，会像烟鬼在吸烟区一样，发泄出那样多的怨气和愤怒，以至于吸烟本身已经不再重要。

德国网站 stern.de 的一次问卷调查显示：公司员工每周平均有四个小时在说其领导的闲话。[62]那么，这样算起来，一家拥有12000名员工的大集团每周就有48000小时的说闲话时间——一年下来就有两百多万个小时。

对工作中的疯狂现象进行调侃、嘲笑、讽刺，乃至诅咒和谩骂——这些都深受员工们的喜爱。说闲话是他们在疯狂海洋中的救生圈，带给他们幸灾乐祸的快乐。受压迫的群体演练反抗，以口头的形式秘密进行。

我认为这样的反应很正常，很人性。自古以来，臣民非议国王，学生攻击老师，员工诋毁老板。但是这种群体性中伤行为很明智吗？这样做可以减轻苦难吗？可以带来改变吗？恰恰相反。伸手去拿脏东西的人必定也会弄脏自己的手指。用双手去扔泥巴的人当然也不会有空闲的手去**真正**改变这个糟糕的处境。

那么中伤又有些什么样的精神功效呢？首先：那些抨击、诅咒甚至咒骂雇主的员工可以借此从自己原本的角色中抽离出来，他不必再考虑那些具有自我批判性的问题，例如：为什么他不能将疯狂驱赶出他的办公室——抑或是，如果这种疯狂实在令人无法忍受，他为什么不能跳槽去另一家情况好些的企业。

第二，中伤似乎不受道德的谴责。那些对疯狂唯命是从，不惜背叛自己的价值观，把人生抹上污点的人，可以把中伤的手段当作人生漂白剂来使用。他嘴巴上拼命叫喊的正是他行动上缺少的：反抗。他试图借着贬低疯狂来抬高自己。这就好像政治独裁下那些自愿的帮凶们在政权倒台后纷纷号称自己是起义军的秘密先遣队（"我们渗透入体制内，是为了避免更严重的情况发生。"）。

第三，中伤的行为简直太容易了：只要指出这条路行不通就行，而不用指出其他的道路；只要用手指戳戳伤口就行，而不用去治愈伤口。在背后非议的人既不需要提出解决方案，也不需要提出有建设性的建议，更不需要去证明自己的看法；他对自己的言论可以不付任何责任，他自己的申诉也就毫无危险可言。

第四，中伤的举动占据着一个无法比拟的优势：能够将其他人团结在一起。一些人组成粉丝俱乐部，因为他们喜爱同一个乐团。而另一些人组成中伤小分队，因为他们共同憎恶公司。异曲同工。如果人们鄙视同一种事物，他们之间就会产生相互的尊重。共同的敌人可以凝聚团队，而且可以转移人们对自身问题以及相互间矛盾的注意力。

为什么我要为您分析中伤行为的这些特征？因为每一家疯狂公司都是滋生那些非议大嘴巴们的温床，这里每天可以用来诋毁、诽谤的材料层出不穷，从早到晚足够说到嘴巴烂掉。所以，有些员工一边干着自己所不齿的工作，一边又在乐此不疲地集体批判着自己所做的工作。

其实，这种聚众型的中伤活动就如同烟火棒一般，它在燃烧时无比绚烂，但是最后只剩下硫化物的臭味扑面而来，让人闻起来有臭鸡蛋的味道。诋毁的行为并不能帮助员工掩盖他们工作时的空虚、他们与公司间的陌生感，以及他们毫无价值的职业生活。恰恰相反，这只会使他们跌入更深的绝望中。

我一再有这样的感觉：中伤这种行为就像是一只放大镜，它只会把苦难无限放大。而且员工们越专注于一个问题本身（而不是解决方案！），那么这个问题也就越难解决。

因为每一句抱怨最终都应验在抱怨者身上，霸占他剩余的理智空间，使他逐渐成为更接近他所抱怨的对象的人——也就是（相对）疯狂。没有一个人可以把这种进退两难的窘境描写得如同布莱希特在他的诗篇《致后人》中所描写的那样一针见血："仇恨，即便是对卑鄙者的仇恨，也会扭曲外貌。愤怒，即便是对不公正的愤怒，也会使声音粗哑。"

中伤带来最惨重的后果：它消耗了您用于行动的精力。员工们只满足于嘴巴上议论弊病，而不是采取实际行动，从疯狂的黑暗中全力寻求幸福职业生活的曙光。

请把您的精力不要过多地浪费在公司的不足之处上，不要过多地浪费在疯狂上，不要过多地浪费在那些让您不满意的地方。请您不妨仔细想想，您究竟需要做些什么，才可以实现一种与您的价值观协调统一，让您愿意津津乐道的职业生活。

您应当把每一句在嘴边呼之欲出的中伤话语转化成一个建设性的愿望。不要再抱怨："这家公司快把我折磨疯了，他们作决策时总是把我排除在外。"而是告诉自己："我渴望找到一家公司，在那里我也可以凭一己之见参与整个决策过程。这样我才可以尽自己的一份力量，获得被重视的感觉，并极力促成有意义的决策。"

这种着眼于愿望和渴望的表述达到的效果刚好与中伤带来的后果相反：它不会把您束缚在问题之中，而是逐步为您的电机油箱加满燃料，推动改变。您越是经常并且越具体地思索您到底想要什么，您去追求的渴望也就越强烈，您的梦想公司的形象也就越清晰具体——这也就意味着越早可以彻底摆脱疯狂的苦海。

七个把您送进疯狂公司的错误

您是被别人送进疯狂公司的吗？错，正是您自己亲手把自己送进去的——当然是您签下了那份工作合同。任何身陷疯狂公司的可怜人儿对当下处境怨声载道时请不要忘记：正是他亲自把自己送进了疯狂公司。

您在亲手为自己戴上工作合同这个紧箍咒之前，又做过什么？为什么求职者看不出，他不惜一切去争取获得青睐的新部门只不过是一间"封闭式病房"？这家疯狂公司在这个过程中又用了什么样的迷惑术和障眼法？只有认清了这些错误，搞清自己在这个悲剧中究竟扮演了什么样的角色，才能够做到吃一堑长一智——永远摆脱疯狂公司（下一章对此详细介绍）。

1. 错误认识：情况只会好转

所有把任职公司当作疯人院，并且认为自己的工作是废除酷刑以来最残酷的惩罚的人，倾向于一个极端性错误：其他任何工作对于他来说都像是紧急出逃口。殊不知，一个人若只盯着当下即将逃离的地狱，则有可能误入另一个横在眼前的火坑。

最近，有一位客户告诉我："下一家公司肯定不可能比现在这家再差了！"我只能回答说："疯狂是个形容词：没有最疯狂，只有更疯狂！"当然，只有**在搬进新的疯狂公司后**，**当面试所宣传的光彩门面开始土崩瓦解，疯狂现实的石灰墙渐渐显露时**，才能察觉这种疯狂。

2. 误入假豪门

踏进未来雇主的大厦时，很多应聘者都会像第一次约会一样激动。如果他们以前只是在经济新闻中听到过公司的名字，而现在，他们竟然奇迹般地走进了这座神圣的大厅，产生这种感觉也就不奇怪了。

那么，一个地位卑微的人走进宫殿的时候，注重的都是什么呢？当然不是这座宫殿配不配得上他——而是**他**是否配得上这座宫殿。绝大多数应聘者都在忙于展示自己，而根本无暇留心公司的情况。疯狂与他们擦肩而过，但是他们（以后）却逃脱不了疯狂的魔掌。

3. 对蛛丝马迹视而不见

公司们惯用什么手段去遮掩那些显而易见的疯狂呢？它们对待疯狂的招数就如同对待大纸板箱一样：先折叠起来，再坐在上面，最后还要用脚把它结结实实地踩扁，只是为了让它看起来更小，最好消失不见。然而，疯狂的反弹能力也正如同纸板箱一样：可以一而再再而三地卷土重来。

疯狂在应聘者面前不可能被藏匿得**滴水不漏**。绝大多数员工在签下工作合同被送往疯狂公司以**后**回想起许许多多的小细节，其实早**在**公司的面试过程**中**，这些疯狂就已露出蛛丝马迹。例如，老板只是对您恭敬有加，而当助理为他送来文件的时候，他却对助理不理不睬（见"预警系统"，第204页）。

4. 被求爱的舞姿所迷惑

这和恋爱其实没什么两样儿。在确定（工作）关系的初期，总有那么一段相互献殷勤的过程。公司这里耍了一石二鸟的伎俩：一方面，公司在聚光灯下秀出自己最美的一面，正所谓公司民主的形象；另一方面，它给求职者营造出一种假象，就好像他加入这家公司是件轰动无比的大事情一样。应聘者的自负心理得到了最大程度的满足，他暗地里寻思：一个能慧眼识骏马，挑中了我的公司，真的会是一个瞎子吗？哦，当然会！

5. 寄希望于改进

一些求职者把自己看作大力神海格力斯，认为自己足够强壮到清扫整个猪圈：虽然这家新公司是家疯狂公司（如果他火眼金睛识别得出妖怪），但是一旦他上阵，这一切都将改变。仿佛他就是降妖除魔的大师，可以把整个公司从疯狂中解救出来。

但是，他很快就会认识到：面对这里每天生产出的堆积如山的疯狂垃圾，他的理智铁锹充其量也就只算得上是一把小餐叉，用来完成清除工作实在太小，根本派不上用场。一个进疯狂公司时还算理智的员工，并不能保证他离开时也还正常。疯狂可是会传染的。

6. 操之过急的"我愿意"

绝大多数应聘者在签约同意被送往疯狂公司前，认识这家公司才两个小时或者大约有两次面试那么长的时间。这就好比要和一位只认识了两小时的人结婚，只是这段工作关系大多不是通过死亡，而是通过解雇的方式来解除，或者是通过让人无法容忍的疯狂。

其实，只需要一个很简单的办法，就可以避免操之过急许下终身：准备**在**工作合约上签字**前**，为什么不在下班后从公司门前的车站坐上一辆公车，去观察上车的其他乘客的精神面貌，竖起耳朵留意他们讨论些什么？这样做之后，一些应聘者可能会重新考虑自己的决定。

7. 重复性错误

疯狂公司所吸引的首先会不会是那些疯狂员工呢——正如牛粪旁总是萦绕着苍蝇，选秀表演总是聚满了自以为是的笨蛋？

实际生活中，有些员工一再犯下相同的错误。比如我认识的一位助理，她好像有种无与伦比的天赋，在所有可能的老板中一再选中那些最神经的。每次她在奋力摆脱一段疯狂后，又会陷入新的疯狂。

那些多次落入相同类型的疯狂公司的人必须扪心自问："这种疯狂公司究竟哪些地方吸引着我？我总是落入哪些障眼法设下的圈套？我都做了哪些事情，导致一再落入这样的疯狂公司？"

3
机智越狱：您可以这样脱身！

　　孤苦伶仃只身困在布满棕榈树的岛上？？？——我的眼泪马上就要夺眶而出了，柯特曼先生！

您憧憬着摆脱疯狂吗？您梦想去一家正常的公司吗？只有鼓足勇气并且计划周全，您的这次越狱才有可能成功。在这里您将获知：

- 公司的疯狂在什么情况下会消失—在什么情况下它会一直存在下去；
- 如何判断这次跳槽真的可以让您更快乐；
- 如何制定出完美的越狱计划，如何实施；
- 如何利用"全面预警系统"，保证不再被另一家疯狂公司迷惑。

疯狂可以被驱赶走吗？

您还在自欺欺人，幻想着公司的状况会有所改善？您还在孤注一掷，期望疯狂很快被赶出公司，理智重新占领上风？它能否转变，首先要取决于这样一个问题：您的公司处于什么阶段——乡村文化还是丛林文化，抑或是城市文化，乃至游民文化（见第 19 页）？如果是前两种阶段，则略占优势，他们的疯狂只是**暂时性的**疯狂，不是最后阶段——只要这家公司还在不断向前发展。

家族文化总是伴随着高度的非专业性，丛林文化总是充斥着无可救药的混乱，但是这些可能都只是儿童期疾病，过几年就会痊愈，前提是，疯狂公司领导必须也认识到问题的严重性，长此以往国将不国！要想驱走疯狂，必须首先**认识到**它的存在——而不是一味地否认。

您的老板如何处理公司的不足之处？他们认为有必要改进吗？他们已经迈出了第一步吗？他们在需要改进的方面身先士卒、以身作则吗？如果可以做到这些，那么疯狂就有可能消退。

但是您的神经足够坚强，可以撑到这一天到来吗？或者您哪怕在这种疯狂中再同流合污一个月都无法忍受下去了？

　　您的精神压力越大，您公司的变化速度越慢，您就越应该趁早考虑一套逃生方案。而如果您的公司改善效果明显，那么留下来等一等不失为一个聪明的策略。

　　处于第三阶段的公司，也就是在城市文化下，已经没有希望再摆脱疯狂。这里的疯狂不会有退休那一天——但是会一直陪您走到退休。它是一种慢性病，就如同霉菌侵入办公部门，渗透进办公室的每一寸角落，也渗透进员工的脑袋。浅表性的措施已经无法清除这种霉菌，重组不会奏效，规范不再起作用，更新的公司形象也将无济于事。

　　公司文化就像一种地方方言：根深蒂固。当然，随着时间的变化，可能会融入一些新的词汇。但是基本词汇还保留在那里。然后，正像这种方言从年老的一辈口口相传给年轻的一辈那样，公司的新员工也从老员工那里继承了这种疯狂。最主要的传播方式并不是通过刚进公司时的集中培训，而是通过各人在公司的亲身经历。

　　最近，有一位客户——一家咨询公司的高级顾问，给我说了这样一件事情：在一次周年庆典上，她坐在退休职工身旁并且倾听他们的经历："他们都已经退休十年、二十年了，但是在听到他们数落公司的不是时，我简直不敢相信自己的耳朵。这些问题和我现在每天要去斗争的一模一样：公司合伙人面对员工时不可理喻的傲慢，我们在保守派公司面前束手束脚的遮羞心态，以及在人才选拔时分数高于一切而社会能力一文不值的事实。"

　　在此之前，我的客户一直心存侥幸，以为她的公司的疯狂可能褪去。这次经历终于让她接受了现实："我彻头彻尾地明白了，这些弊病正是这家公司不可分割的一部分，它们将与这家公司共存亡——不管我喜欢还是不喜欢。"

　　很多员工都有相同的经历。时光在流逝，但是疯狂却永存。它就像是一种遗传病，代代相传。

　　我应该实话实说吗？您在这种疯狂的城市文化中可以尝试一切努力——上下活动或是振臂高呼，装疯卖傻或是树立表率。但是想要动摇疯狂？永远不可能成功。您是改变不了城市文化的——城市文化改变着您。

那是否意味着，您就应该无所作为呢？当然不！您要做一些力所能及的事情！时刻关注您的老板的动态，在工作中多争取一些对您有意义的任务，少完成一些无聊的任务。把您的要求维持在一定的水平上，虽然可能不是最理想的，但至少是现实的。这一切都只是慰藉；它们有一定的帮助。

但是，请您不要抱有不切实际的幻想！日积月累传播开来的霉菌不是您可以对付得了的，除非您自己是公司的最高领导，您拥有不可动摇的改革决心，不会畏惧任何艰难险阻。

请想想苏联前首脑戈尔巴乔夫——德国重新统一的拓路人。他在苏共扶摇直上并最终成为领袖。然后他才力排众议推动重组改革，结束了原先的体制。

但是，他究竟如何登上这个高位的呢？他在奋斗的途中必须多少次委曲求全，多少次违背准则？在疯狂体制中闯荡成功的人，一般也都是适合这种体制的人：疯子；戈尔巴乔夫是一个例外。大多数改革家在改革体制之前，就已经被他们所在的体制改变了。

与其在一块不滋养理智的土地上播种理智，我建议您不如寻找一家不再需要勉为其难去迎合的公司；一家可以让您发挥长处、实现人生价值的公司。

如果您的公司已经由城市文化向游民文化恶化，那就更是必须离开了。过高的人员流动性可能就是一个警示。水手们都弃船而去，疯狂之舟正在下沉。谁现在还要留在船上，后果只能自负。一次大型破产同时把成百上千的员工推向劳务市场，空闲的职位顷刻即被抢占。而在此之前，跳槽成功的机会可要大得多。

如果游民文化带来了企业运作的成功呢？那么我要问自己：为什么唯独您可以长期坚持，而其他人都纷纷逃离了呢？我的客户中，凡是抱有这种想法的，大多数都无不例外把自己打造成坚强抗压的斗士形象。

困难面前，人们一般如何应对？在开始阶段，他们总是做着同样的一件事：一再否认存在任何问题。这就好比洪水在上涨，但是快被淹死的那个人却假装自己正在舒适地泡澡。

您还是趁早游起来逃生吧——在您还有一线生还希望的时候。

不要只会拔腿逃跑——还要动动脑子

我们假设可以确定一点：您的公司患有慢性精神病，毫无治愈的希望。现在应该怎么办？您还没有下定决心，是否真的要离开。您在梳理清楚逃亡动机之前，应该询问自己如下三个问题。

1. 这种疯狂有哪些积极的方面？

每种消极的状况都有其积极的一面，这也适用于您的公司的疯狂。我们假设，您的上司揽下了您所有的重要任务，这样您就永远不会犯下严重的错误；我们假设，您在一个秩序混乱的团队中工作，那么您的组织才能就可以大展身手；我们再假设，您周围都是些愚蠢的同事，那么您的聪明才智的光辉就得以进一步显现。

每一次改变之前都必须进行一次斟酌衡量：您现在的处境给您带来哪些好处？您要为之付出怎样的代价？如果天平两端基本平衡，那么您也就不会有什么改变的动力。

这种纠结的情绪总是会通过一种确实可靠的信号透露给我，也就是"其实心态"。这样的员工总说，**其实**他已经无法再忍受他的疯狂公司，**其实**他想跟老板说出自己的想法，**其实**上周末已经写了三封求职信。然而，让人不可理解的是他根本不采取任何实质性行动。一种无形的力量操控着他，使他不能行动。

那些大声抱怨自己的"工作婚姻"，但是又不争取离婚的人，应该扪心自问：这段疯狂的工作关系究竟在多大程度上还能满足我？它给了我哪些隐藏在深处的利益？而这家疯狂公司归根到底是不是我想要的，是不是我所应得的呢？

如果一个人已经多次落入同一类型的疯狂公司，那么这种怀疑也就越有根据。例如我有一位客户，他一再跳到具有超级剥削潜质的公司。在那里他可以找到一种氛围，一种让"世界拯救者"活跃在他内心的氛围：他竞选企业工会，安慰被排挤的同事的情绪，并且代表他的同事与强横的上级争执。通过这种曲线救国的方式，他实现了自己的价值：为（社会）公正而奋斗。这对于他的生命意义非凡。

他如果去了一家公司，那里的员工都不需要他的帮助，他又该如何是从呢？在那里，他的天赋根本就是英雄无用武之地。所以他（在无意中）与这种疯狂结下了不解之缘。直到此次咨询，他才意识到这一套路的存在。

您如何才能洞察内心深处的动机？请拿出一张 A4 纸并将以下句式的开头写十遍："抛开那些我不喜欢这家公司的地方，我觉得……不错。"留下足够的空白，保证您可以完成句子。请收集十条理由。

然后您检查：这些理由中哪些只是表面现象？您应该跳过诸如公司餐厅伙食不错之类的理由。相比而言，更重要的是："存在（或者因为）哪些优势仍可以让您在这种不利环境下实现您人生中的重要价值？"

比如说存在这样的可能性：有些人崇尚集体的感觉，而他现在的工作位置正可以满足他的这种价值需求，因为背后评议公司是非令他和他的同事们凝聚在一起。

对于这种情况，我们采取相反的对策：请拿出一张新的 A4 纸并且写下十遍这样的句式开头："如果我静下来倾听内心深处的声音，现在公司的……会令我不舒服。"您再次完成句子并且最后筛选出那些与您个人价值观冲突的方面。

完成这个小练习后您大致可以掂量出：逃亡带来的优点重几许？缺点又重几许？只有当优点**明显**重于缺点，您的动机才足以制定出一套逃亡计划并实施这一计划。

2. 尚有哪些选择？

需要决定的不仅仅是您要不要逃亡，而特别是：去哪里？您如何避免匆忙中从一家疯狂公司逃往另一家疯狂公司的悲剧？你首先应该确定，有没有一家现实可行的候选对象可以取代您的现任公司。

疯狂分为两种形式：一种是行业性疯狂，也就是整个行业内几乎所有公司都不可幸免；另一种是企业性疯狂，每一家的情况都不一样。请区分这两种疯狂，以保证您不要从泥坑跌进深渊。

范例一则：您为一家大银行工作，但是您的公司为了收益率不惜陪上道德的做法令您无法接受。常规的跳槽往往会促使您寻找下一家大银行，但是这样就如同从狮笼逃向鳄鱼池一样，根本解决不了您的实际问题。重视利润，无视道德，这概括了几乎所有大银行的特征。

根本的问题在于：这个行业真的可以符合您的设想吗？您感受到的疯狂也许正是因为您选错了行业？您可以凭借自己的实力更换一个更符合您的价值标准的工作吗——例如跳槽到一家诚恳对待客户的小型家庭银行？或者跳槽去一家消费者权利保护组织供职？或者作为经济记者，针对您所熟悉的行业纂写批判性文章？

请不要把您自己限定在某一个行业、某一种职业，更不要限定于您的公司。您只需问自己：我有什么特长？在哪些公司、哪些行业、哪种情况下需要这种特长？

请牢记：每一次改变都要付出代价。如果您想追求大银行家的工资待遇，但是又想获得消费者保护人的道德情操，那么这是一个不可能完成的任务；这里或者那里您需要有所取舍。

如果这种疯狂只是企业特有，那么这种弊病只和您的公司文化有关，比如领导风格。我们可以设想，这家银行的员工相处方式如同军营般等级森严，那么这个问题可以通过跳槽到另一家银行轻松解决，根本用不着换行业。

您还可以跳出自己的职责以外：您的公司追求什么样的更高的目标？您为一家嗜财如命的集团公司所做的无聊的办公室工作，就只是无聊的办公室工作而已，但是，您如果作为积极的环保人士为绿色和平组织工作，那么您所做的办公室工作也就成了有意义的事情的一部分——您可以引以为豪并且更加积极地投入工作。

3. 如何找到一家非疯狂公司？

请把罗列有您公司的十条不受欢迎的理由的清单再次拿在手中。那上面可能写着，您讨厌管理层不切实际的决策，您上司的粗鲁语调让您觉得恶心或者您无法忍受同事间的竞争意识。现在，请您在第三张A4纸上筛选出最重要的批评意见，分别写下："……为此我希望……"

现在，您被迫转向建设性思考。如果您厌恶管理层不切实际的决议，那么您期望什么形式的企业管理呢？请定义您的期望。例如："……为此我希望有一家公司可以从根本上尊重员工的价值，在决议时听取他们的意见，实现一种尽可能民主的领导文化。"

这种描述的方式为您逐渐勾勒出一家公司的轮廓，肯定不会是你眼里的疯狂公司，而是模范型雇主。

您一旦完成了这份清单，请仔细思考：哪一家公司或者哪一个机构比现在的公司更有利于您实现这些价值？您可以向哪些人咨询以获取第一手资料？例如同学、前上司或者前同事以及朋友圈或者熟人圈？您是否刚巧在报纸上读到一篇"年度雇主"的文章？您注意一下：哪家公司最符合您描绘出的形象？

我有一位客户，以前一直在一家连锁超市工作，她在一次搜寻资料时留意到日用品连锁企业 dm。那里贯彻着很好的民主理念，员工们选举自己的上司，参与决定自己的工资并且很受尊重。这些都完全符合她所追求的价值。

这种认同感在她准备应聘材料的过程中以及在两次面试中都得以

证实——如果人们不需要伪装自己，而是真心喜欢公司文化，这些信息的获得并不难。就这样，我的客户成功跳槽，丝毫不后悔。两年后，我再次见到她，她依然对她的公司赞不绝口。

但是，您不能单凭运气海投简历，这样的逃亡计划如要奏效，必须像警察勘查现场那样从搜集证据做起，然后逐步勾勒出公司的画像。最后——也只有在这之后——才可以借助自主应聘的方式"一举拿下"合适的工作。比较理想的情况是，您可以利用企业间谍的帮助，它们不仅为您提供有关公司的重要信息（见第 202 页），而且可以给您介绍至关重要的人脉关系。

幸亏没人知道……

逃出疯狂公司的计划要从长计议。最重要的法则是：在公司千万不要跟任何人提及您的逃亡打算！您一旦被确认为嫌疑犯后，又会怎样呢？那您就准备好招架各种阻挠吧。具体有什么样的危险在等候着您呢？

复仇

精神病公司里住着一群不理智的复仇者。如果说他们有所仇恨，那就是在自己将人抛弃之前，被对方所抛弃。您一旦宣布要溜之大吉，那么您很有可能化为乌有——您将遭遇解聘的打击。

我不止一次见到老板通过这种先下手为强的方式对付他的员工。出于雇员主动辞职可能让公司处于不利境地的顾虑，公司纷纷抢占主动权，把员工奋力丢出去。一条不成文的规定是：谁觉得公司不好，那他也配不上这家公司！

冠冕堂皇的解雇理由总是可以信手拈来。哪怕是一支被您带回家的公司铅笔，也足以构成法律支持的解雇依据。

由此您不得不面对这突如其来的劣势，从被解聘的状态去应聘——这是一个非常不利于获得优秀职位的因素。

枪林弹雨下的逃亡计划

很有可能，您的老板正企图利用一种微妙的手段扼杀这项逃亡计划。您（为了一次面试）临时需要一天假期，却总是得不到批准。大量的工作突然向您压来，使您晚上八点还不能回家准备您的求职信，而是要在公司精雕细凿一份季度报告。而且您又怎么知道，您的疯狂公司领导没有在整个行业内大肆宣传，毁掉您的声誉，让您面前的大门通通关闭？

这种抵抗行为将令您的生活无比艰难——而且您的求职进程也将被不必要地拖长。

不会飞的鸭子

一旦您流露出去意，您也就成为一只不会飞的鸭子。虽然您的名字还留在办公室门上，虽然您还坐在自己的办公椅上——但是其他人早已把您当作已经离职的人员，至少是一位出局的人物。"反正最后要走的，"其他同事都这样想。

于是，同事们根本不把您放在眼里。他们把您的项目如同报废汽车一样废弃，把所有对其有利的任务都揽在身上，把所有头疼烦心的琐事都留给了您。您的工作能力被彻底摧毁了，但是您作为替罪羊的功能依然保留，特别是为他人的错误背黑锅。

您又何苦这样难为自己？您在辞职**后**反正是会遭遇如此对待的，这就足够了。

嫉妒

最后，您的逃脱念头还会让那些仍在疯狂公司坐以待毙的人无比嫉妒。正因为您足够精明，可以摆脱这家无情的公司，所以也就同时说明，其他尚被困于此地的员工都太愚笨，或者太迟钝，或者太口是心非。

情况越属实，激起的反应也就越强烈，甚至会出现言语上的攻击、排挤或者惩罚性的忽视。同事们把对于自己依然困于疯狂公司的怨恨加罪于您这个逃兵身上——典型的情感转移。

因此，您必须巧妙隐藏好您的逃亡计划，确保无人知晓。究竟如何做到这一点，且听下文分解。

天衣无缝的逃亡计划

一次完美的逃亡最好悄无声息地进行。请尽可能隐瞒您的逃亡计划。但是究竟如何才能做到呢？为了不让疯狂公司领导或者其他员工察觉到您的动静，一定要避免哪些小细节？这里给您几则重要提示。

冒险的阶段鉴定书

我们设想，如果一位监狱因犯对他的监狱长说："您能为我签一张外出的通行证吗？我并不是想要逃跑，只是在很久以后我重获自由的那天可能会需要。"这怎么让人信服呢？这种愿望可能会对监狱的安全措施有什么影响？

这个例子人人都可以看明白，但是为什么总是有那么多决心逃亡的员工希望获得一张公司开具的阶段鉴定书？他们这样做难道不是等于直接对老板说："我想要一张去未来雇主那里的车票。"或者："老板，我觉得你是一个极具报复心的怪兽，我担心你在我辞职后会全盘否定我的成绩，所以我要**事先**为我的工作业绩开个证明。"

当然也还有弦外之音："你——疯狂公司领导，是一个十足的笨蛋——所以你肯定会给我开这张证书，而且不会看穿我的意图。我只要简单用一个理由就可以敷衍过去：'我在这里工作刚好五年整，所以我很想要一张阶段鉴定书。'"

注意：一家被认作疯狂公司的公司行为通常偏执古怪。我曾经读过几十份阶段鉴定书，里面埋藏的炸药初看上去毫无危险。但是，这种证书的正确解读方法不是看它上面写了什么，而要留意它省略了什么——例如最后对员工的致谢词、工作业绩的详细描述或者友善尊重的语调。

再者，即便是一张完美的阶段鉴定书也无法让您前去应聘的新公司打消疑虑：您一定和您的雇主不和，否则为什么非要冒着被识破跳槽企图的危险，去索要一张临时证书？而且为了尽快赶走不受欢迎的员工，疯狂公司难道不会胡乱吹嘘而编造出一份优异的证书吗？

所有情况下只存在一种例外：如果您的部门发生重大变动，例如更换领导，这当然是开具阶段鉴定书的一个很自然的理由。除此以外，我还是建议您，给您的应聘材料附上一张A4纸，写上您目前的工作以及取得的成就。这样的工作岗位描述可以达到与阶段鉴定书一样的效果，而且既不会令您在疯狂公司那里为难，也不会令您在新雇主面前陷入尴尬。

冒险的年假

十年来，您的年假每次总是至少连请一星期，而且可能提前半年就申请了，那么现在，您短期的年假愿望（每次一天，几个星期重复一次）则足以让所有人警觉。

您究竟如何去参加面试呢？如果您去应聘的是一家中小型企业，您可以询问，有没有可能约一个晚上或者周六的时间——您目前工作实在太忙了。这样的愿望在大多数公司那里都会留下好印象，因为这表明：您即便快要离开，还是在全力工作。您对您旧雇主的表现一定会让人联想到您将来的表现。

否则，您最好事先编造个借口，尽早告知您的老板，接下来几个月您需要一再请单天的休假，去照顾孩子、去理疗、去照料一位生病的亲戚……

您可以随便说些什么——只要不说实话就行！

冒险的着装

员工典型的逃亡装扮会是什么样的呢？肯定要比他的疯狂公司精良百倍！谁要是突然不再穿着伐木工衬衫来上班，而是穿起西装夹克，不再穿着家居鞋，而是穿起锃亮的皮鞋，并且在下午很早时分就从办公室悄无声息地溜走——这等于在额头上写着："我和新雇主有个约会！"

对于这类逃亡行动，应有一个正确的顺序：先离开疯狂公司领地，再脱掉疯狂公司规定的服装。

冒险的通话

如果猎头公司（或者一位潜在的雇主）给您打电话，因为您可能给他寄过材料，那么您在工作岗位上应该尽快结束这次通话，然后换一个隐蔽的地方继续。因为只需只言片语溜进您的同事的耳朵里，或者您压低的语调、神秘的面部表情、一边听着话筒一边匆忙关上办公室门的举动，都足以激起流言：那里有人正在策划逃亡！

可是如果您发挥自己高超的表演天赋，在通话时假装非常冷静，与对方闲扯一些不着边际的话题呢？那您可就要惹毛电话另一端的通话对象了。因为在与任何潜在的雇主或者中介通话时，您都必须像在面试时一样表现出色。

总之，您越是悄无声息地执行逃亡行动，您所遇到的阻挠就会越小，您逃离疯狂公司的计划也就会越早成功。现在，您应该弄明白：您究竟想逃到哪里呢？哪一家公司不会带给您疯狂，而是有助于您进一步充实您的事业？

巧用企业间谍

如果一个国家的政府想搞清楚，邻国大张旗鼓地生产的圣诞树装饰球真的不是原子弹，它会采取什么手段？它会相信其他政府的说辞吗？别做梦了，它会派出间谍，深入这个国家的内部进行调查，仔细搜查每一个隐蔽的角落，最终提出一份**非官方的**真相报告。

您不妨也试试这种间谍行为。只有这样，您才有希望弄明白，看似理智的潜在雇主到底是不是一家潜在的疯狂公司。

具体应该怎么做呢？非常简单：利用网络上的社交平台，例如商业门户网站 Xing。那里已经聚集了数百万雇员。搜索到某个公司数位员工的几率很高，甚至是中小型企业的员工。而对于大公司，他们一半的员工都活跃在这个平台上，搜寻到他们的踪迹就更不是问题了。

我无法理解，为什么大多数应聘者到现在都还没有开启这个百宝箱。即使他们已经在使用，也大多只是询问一些关于申请的技巧和信息。殊不知另一个问题更重要：申请去这家公司，究竟有没有意义？或者说这一纸聘书只会给您带来不幸，再次将您送入疯狂公司？

您应当首先在这些门户网站上进行大范围搜索，例如搜索公司名字。如果您找到许多该公司的员工，那么可以逐步缩小您的搜索范围——比如通过输入职业名称或者部门名称。理想状态下您甚至可以找到正在您当下申请的领域工作或者工作过的人。当然，公司其他部门的资讯也足以说明企业文化。

所有这些"企业间谍"——公司的内部人员，非常清楚您最想了解的事情：公司大楼内究竟发生些什么。那里有没有充斥着愚蠢和专制，谎言和欺骗，贪婪和妄自菲薄？或者员工被剥削，客户被欺骗，只有股东被奉承？

还是说这家公司非常现代化与开放，所以善待员工和客户，完全符合他们在招聘启事上以及自我宣传时所展示的模样？我并不是强调一家公司不允许存在弱点——每一家公司从内部来审视都有些小缺点，而是认为，整体印象至少应该是积极的。您不能再与疯狂公司打交道了！

您首选哪些企业间谍？我推荐那些即使透露了真相也无须瞻前顾后的人——前员工。否则，您在现任员工那里可能会遭遇这样的危险，他们告诉您他们正在不断说服自己的故事：这里还是可以忍受的（尽管这里其实根本无法忍受！）。

发邮件给多个联系人，友好地请求他们跟您谈谈前公司的事情。约个合适的时间，可以通电话聊一聊。不要忘记：您对于您的"间谍"来说只是一位陌生人。无论是谁给您书面的信息，都会担心这些内容是否会落入心怀不轨的人的手中。相反，口头上的话语就轻松多了。而且在谈话中，您的谈话对象也会对您有一个个人的印象。

哪些问题可以帮助您对一家公司作出评价？您要特别询问那些在您的价值体系位居前列的方面（见第 164 页）。您还要搜寻在这家公司通用的潜规则以及惯例。

以下十个问题在我的客户那里都达到了很好的效果：

- 如果您拿公司的对外形象和您在公司的亲身经历相比——区别在哪里？
- 从 1（最低）到 10（最高）的标尺上——您公司对员工价值的尊重处于什么位置？
- 对于客户又处于什么处置？
- 您如何描述公司的领导风格？
- 利润扮演什么样的角色？
- 员工最常抱怨哪些方面？
- 哪一方面最阻碍您的工作？
- 在哪些场合您会想："我在一家疯狂公司工作！"
- 您预测公司未来的前景如何？

- 您会愿意在这家公司重新开始吗？或者说不愿意？为什么？

这位员工在该公司工作的时间越长并且离职的时间越短，他的信息就越切合实际。您也要旁敲侧击地打探出，这位员工为什么离开这家公司。一个被公司解雇的员工，他对公司的看法可能就不如那些另谋高职或者退休的员工客观。

请留意话外音。您的"间谍"的陈述听起来是乐意回忆这家公司吗？或者说他的语调下意识地透露着莫名的忧伤？或者说他愤怒至极，语调飙升，您恨不得呼叫医生来测量一下他的血压？

我可以保证，在进行两到五次此类电话之后，您将掂量出这家公司的特点以及弊端，而且您肯定分辨得出，您是在和一家值得尊敬的公司还是和一家疯狂公司打交道。

此外，您还获得了有价值的信息，了解到这家公司的游戏规则、领导风格以及挑战领域，这些信息可以帮助您在面试时找准立足点，并且凭借对公司的熟悉取得成功。

全面预警系统：
您如此避免疯狂公司

当您第一眼看向大海，就可以发现在海水深处有没有潜水员出没吗？您根本不可能立刻得出结论。但是，如果您仔细观察，则会发现有细小的氧气泡升起。这些小气泡透露出海水深处有一位潜水员在游动，以及他游动的方向。

其实，您所申请的每一家公司都是一片极深的水域。疯狂通常隐匿在水面以下，您不可能直接遇到。但是作为应聘者，您只需用您犀利的眼睛观察到水面上升起的氧气泡，就不难发现疯狂的蛛丝马迹。

一家猎头公司掌控着公司职位的事实难道不就昭示了这家公司内

部一种遮遮掩掩的企业文化？您必须自己掏路费去参加面试的要求难道不正是体现了公司病态的吝啬？或者说，这个职位的招聘启事在过去十二个月内已经第三次被张贴出，难道不该让您对此起疑心吗？

作为职场咨询师，为应聘者指明这家公司的潜在危险，也属于我的工作范畴。所以，多年来我一直有针对性地追踪那些其内部员工向我透露了疯狂迹象的公司的招聘流程，着力研究疯狂病症的小特征：疯狂公司在它们的招聘启事中都惯用哪一种语言？它们如何回应应聘者的求职信？它们在面试中以什么样的态度对待候选者？

人们越是仔细地审视应聘流程这片海面，就会发现越多的气泡。我为您准备并且分析了 25 种显示公司疯狂的重要的预警信号。单凭这些，您在寻找梦想公司的过程中就不会再被疯狂公司轻易蒙蔽了。

但是请留意，并不是每一种单独症状都表明这个公司是疯狂公司，就像是没人潜水的深水湖有时也会冒出一个气泡一样。然而，如果出现一连串的气泡，也就是出现数个疯狂症状，并且指向同一方向，那么这里的危险或者疯狂就显而易见了。

招聘启事的预警

1.出现频率

您搜索一下，这个职位的招聘启事是否已经多次出现，甚至数月前才出现过。倘若如此，则存在三种可能性：这个职位还没有被占，因为雇主提出不切实际的要求；或者优秀的应聘者看穿了这家疯狂公司，及时逃脱；或者——最有可能——有人已入职，但是还在试用期就被解雇了。这三种情况暗示着一种粗糙的企业文化、一位刁钻的上司或者对员工毫无耐心的入职培训。

2.启事尺寸

招聘启事的尺寸大小与公司的市场影响力相匹配吗？采用小招聘启事的大公司大多都犯有吝啬的毛病。当您提出加薪要求或者需要为将来做一笔重要投资时，您能保证这家公司**不会推三阻四、吝啬无比**？相反，一家不知名的公司动用大规格的启事则暗示着骗局或者不严肃的商业模式——特别是，为很少的工作量许诺高额的工资："10000欧元，半天制，在家办公。"

3.发布媒体

招聘启事的波及面可以在很大程度上说明公司的视野，一家只在当地报纸上发布启事的公司不可能制定超越地区性的策略，这个特点也一定符合它的商业模式。您在这里就等着见识死板的体制结构以及他们对新想法的抵触姿态吧。

如果招聘启事**仅仅**发布在公司网站上，那么这家公司可能财政吃紧，或者是一家吝啬鬼俱乐部。或者过于马虎，没有把早已被占的职位从招聘中删除。

大幅的印刷启事发布在**多个跨地区日报**上，并在启事中大肆吹捧公司自身，这经常是形象工程的一部分。这昭示了一种对认可的渴望以及扩充的欲望，从而暗示着，这些招聘的职位只是幌子，根本不存在。

4.风格和设计

启事的书写风格越呆板，版面越保守，这家公司的作风就越官僚、越顽固不化。例如，如果夸耀说"公司内部事务的处理不流于形式"，那么这句话本身生硬的风格远比它所要传达的内容（宽松的氛围）重要很多；相反，如果是这样的语言描述："我们处理工作节奏轻快，毫不官僚"，则更有说服力。

您要有针对性地留意这样的悖论，也就是形式和内容上的不统一——这些往往揭示了暗藏深处的疯狂。

5.猎头公司出动

一家公司通过猎头公司来招聘，必有其理由。例如：那个即将失去职位的倒霉鬼还并不知情，或者员工们不应该因为这位上司很快就要被罢免而乱作一团，又或者试图在客户以及商业伙伴那里维持稳定的假象。

所有这些都暗示了一种遮遮掩掩的企业氛围、顽固的等级观念以及对员工价值的轻视——尤其是如果这个招聘的职位并不需要稀有的专家或者顶尖的经理人，而是通过自己的招聘启事也可以招揽到合适人才的话。

6.联系人

招聘启事有没有提及联系人？有邮件地址或者电话号码吗？有没有特别强调，您有问题可以向他求助吗？如果没有联系人，甚至没有给出一个电话号码，那么这个公司似乎把直接交流看作是浪费时间——对于已经签订工作合同的员工来说，就更会是变本加厉了。

7.入职时间

"尽快入职"表明："我们这里火烧到眉毛了！您就是消防队员！赶紧来拯救一切还可以拯救的东西！"当然一切都再清楚不过了，您接手了这个工作会忙得焦头烂额，而且不会有像样的入职培训。此外：为什么这个工作仓促空缺下来？是因为领导管理"混乱"，还是之前在这个岗位上的员工甩手不干了，或者被突然炒了鱿鱼？

您在面试中一定要问清楚，这个职位的前任现在身在何处。这样的企业文化很可能靠不住。

8.与绩效相当的工资

"绩效相当"这个词，公司只有在工资不合理，而且过于取决于业绩的时候才喜欢使用。这样的描述基本预示了很低的基本工资，一种与奖金和佣金挂钩的体制。这样的公司盲目追求利益，不以有吸引力的工作和目标（即内在需要）来领导员工，而是靠绑定的钞票（即外在需要）领导员工。工作和公司本身真的这么没有吸引力吗？

9.灵活性

对"高度灵活性"的愿望——尤其是被突出强调时——很可能是这家公司并不稳定的一个提示。这家公司正急需一次重组？正准备兼并或者搬迁？您需要出差吗？或者总是需要更换工作地点？这听起来很有压力，道路坎坷，而且万变不离其宗：疯狂。

10.团队合作能力

其实这是无需多言的，您作为新员工当然是要融入现有团队中的。如果特意强调"团队精神"，则可能包含了两个隐藏的信号：要么这家疯狂公司团队特别难处，必须要有天使般的耐心才可以坚持，要么这里升职的通道已被堵死，您永远都只会是团队中的一位成员——而没有可能去领导一个团队。

11.责任

对您必须承担"高度责任"的要求，被一再像重唱句一样反复强调，尽管这并不是一个领导职位？那么很可能之后会有随时掉脑袋的工作派遣给您，责任都会被推到您身上，您的办公桌下会被装上定时炸弹。真正的工作描述在招聘启事中根本不可能出现，那就是："替罪羊。"

申请时的预警

12.等待时间

您从公司那里获得回应需要多长时间？组织良好的公司在收到您的应聘材料后会给您一个临时通知，告知整个筛选流程已经进行到哪里，您还需要等多久就会收到回复。相反，如果您在三周或者四周以后才收到第一个通知，也就是参加面试的邀请——甚至有可能后天就举行——那么，这无非预示了管理的混乱以及对（未来）员工缺乏体谅和理解的疯狂症状。

13.信件的语调

参加面试的邀请信听起来真的是在**邀请**吗？或者是更像法庭的传票？提到面试官的名字和职位了吗？您有问题可以打电话咨询吗？如果没有，那么冰冷的语调可能指明这家公司的冰冷——对应聘者的不够友善也预示了对员工的不够重视。

14.面试路费

依照德国民法典[63]，公司必须为面试人员承担路费。但是一些公司并不按章办事，在邀请信中直言不讳：我们不承担费用。

对于应聘者的第一个姿态，不是伸出的右手，而是当头棒喝。很显然，为了节约每一分钱，损失形象甚至吓退潜在员工都在所不辞。

如果一家公司在相亲阶段就如此粗鲁，那么您被雇佣以后又会发生什么？多数情况下，物质上的吝啬都有一个不可分离的共生体：吝于精神表彰。他们的信条："我只要不批评您，就是表扬了！"

与面试相关的预警

15.建筑内观

您要仔细观察公司的建筑。从外面看是不是现代并且高品质，而从里面看老式并且很廉价？这样的差别可能昭示了自我形象塑造与实际情况之间巨大的落差。比如，我认识一家中小型企业，从外面看是全玻璃建筑，显示出一种开放的姿态，但是内部摆设全部是20世纪70年代的产物。这里的领导风格当然也同样陈旧不堪。

16.员工的语调

您在公司走廊遇到的员工看起来如何？可以看出他们享受工作的乐趣吗？他们聊天很轻松、愉悦？他们对您这位公司陌生人点头问候吗？或者您——像在猜忌文化中常见的——被看作是可疑的"入侵者"？

您留意到这里的交谈都是压低声音的耳语？或者是大家都很沉默？他们看起来很沮丧，甚至很压抑？那么这家公司可能充斥着一种对员工的朝气和成长无益的氛围。您真的想成为这个送葬团队中的一员吗？

17.走路速度

您要留意公司员工走路的速度：他们走得很快吗？他们在走廊里疾行，好像有魔鬼在后面追赶？这可能是浮躁的一种体现，而且他的老板就是"魔鬼"，他的魔杖就是按期完成任务的压力。

或者员工们像梦游人一样溜达过走道？这可能彰显了这家公司令人沮丧的气氛基调，因为抑郁可以降低一半的走路速度；在马利恩塔进行的对失业人员传奇性的调查研究证实了这一点。[64]

在工作实践中，我也常有同感：这样的公司的确是给它们的员工装了刹车——他们在市场上毫无长进，直到破产袭来。

18.准时

您的面试是按照预定时间准时开始的呢，还是让您久等？当您进入会议室，所有的与会者都到场了吗？或者说他们都刚从各个方向赶来？即使只有一位与会人员在面谈进行中冲进来，也足以展示了忙乱的工作、高强度的压力以及对于您——也就是员工——缺少尊重。

19.对下层人员的语调

您请仔细留意，这位友善地帮您脱下大衣的老板，对待他的员工是不是也是如此。他如何对待送来咖啡的秘书？他致谢了吗？他注意到她了没有？他如何回应在过道上提了个小问题的学徒？正是在已经留在疯狂公司的下级面前，老板们才会展露他们真实的嘴脸且不自知。每一个不友善的举动、每一个冰冷的语调都告诉您，哪些是您将亲身遭遇的。这样的领导在很多情况下并不是个例，而是这种人情淡漠的公司文化的产物。

面试中的预警

20.准备工作

您的面试官直接称呼您的名字吗？他们熟悉您的简历吗？或者是您在面谈中观察到，他们盯着材料的时间多于正视您的面容？您发现他们所提的问题因您的材料而显得多余吗？他们不是问"您在美国的工作具体都包括什么"，而是问"您有国外经验吗？"

从一次不充分的准备情况可以得出结论，这家企业把员工政策和员工发展摆在日常事务之后。他们情愿从漏水的船里不停地往外舀水，也不愿把漏水的洞巧妙地修理好。

21.以您为中心还是以自我为中心

您的谈话对象真的愿意了解您吗？他们对您的职业生活以及您的人格感兴趣吗？或者只是滥用了面试的机会，向您灌输从古至今的公司历史，宣传自身的英雄事迹，并且贬低竞争对手？这种以自我为中心的举动一定和一个把自己同时当作太阳和地球，只围着自己转的公司有关。在这里您会遭遇更多的表面文章，而不是实际内容，更多的自私自利，而不是集体主义。

22.工资

如果谈到钱，那么不仅友谊会被抛到一边，而且（有时）还包括虚伪。您的谈话对象如何对待"报酬"这个话题？对于他们来说，好的业绩也要求获得好的薪水是很自然的事情吗？即便您的要求超出他们的预算，他们也愿意和您共同寻找解决方案吗？或者说您的谈话伙伴很明显在抵制这个话题？他们是不是做出似乎没有商量余地的样子？他们把公司的薪水标准作为手枪抵在您的脑袋上？

这样的行为让人很难联想到具有协作精神的领导风格，而且也不够尊重员工的价值。因为以我这位工资咨询师的观察，您对于雇主的价值，即工资，与公司对您价值的尊重是紧密相连的。[65]

23.负面内容避而不谈

他们是否在您面前把这个新工作描绘得天花乱坠？他们的描述听起来充满诱惑，以至于您都不禁要问自己，为什么您做这样的工作不但不用交钱，反而还有工资可拿？即便在您特意询问到困难时，他们是否也总是回答您说："没问题，一切顺利！"如果是这样，您就可以相当确定，他们是在信口开河。因为任何一家发布空缺职位广告的公司都存在一个问题，而这个问题正等待着应聘者去解决。凡是这一点都不承认并且不作进一步描述的公司，对于坦诚的态度似乎就像一只紧闭外壳的牡蛎。

24.对待提问

最迟谈话结束时，您可以提出自己的问题。也许您想知道，这个职位至今有没有人干过，或者前任是出于什么原因离职的。或者您想询问，为什么他们的产品供应还没有着眼于当前的市场发展趋势。或者您想了解，公司是以什么样的方式来促进（新）员工的发展。

过于简洁的回答则说明，您的谈话伙伴不愿意多谈这个问题——很有可能因为他们没有什么好说的，或者至少没有什么好消息可说。而且这样的态度也证实了一种陈旧的管理观念：在面试中似乎只有雇主可以决定是否选择您——而不是也存在反向选择（正是因为明白了这一点，那些具有民主的领导文化的公司，总是详细回答这类问题）。

25.面试官的统一性

我的一位客户经历过以下场景：他应聘到一家中小型企业做管理人员。他的面试官是两兄弟，他们继承了这家公司，并且共同领导。两个人提的问题完全不相同：一个兄弟，财务总监，高调赞扬财务监理并且试图进行专业性对话。另一个兄弟，市场部总监，对于财务监理不甚满意，并且承认，他了解不多。两个人快要吵起来了。但是我的客户还是得到了那份工作。

随后他才发现，面试中的意见不统一非常典型。这两兄弟彼此坏事，我的客户被夹在中间。比如，市场部领导经常拒绝提供他在工作中所需要的数据。很快我的客户就后悔没有足够重视面试中的警告信号，签下了合同。三个月后他辞职离开了这家疯狂公司。

请记住，如果面试时您的面试官相互不和，那么在您任职以后，等待您的必是倒霉的境遇和一家大型的疯狂公司！

让疯狂公司倒闭吧！

谁才有足够的能力，让疯狂公司关门？当然是雇员们！让我们设想一下，这里有一家疯狂公司——却没有人愿意去！

迄今为止，这种抵制运动只失败在一点上：雇员们还没有正确认识自己的力量。如果您可以分析一位典型应聘者的心理，他只有一个目的：他要说服雇主。他想展示，他可以胜任这个工作。他想获得公司的信任。

何必要如此唯唯诺诺呢？我们其实有足够的理由来进行一次换位思考："这位雇主可以说服**我**吗？这家公司值得**我**来工作吗？这家公司有没有为了赢得我而做足够的工作？"

这种思想方式的转变为我们带来新的视角：并不是公司的销售额说明一切，而是价值的实现；并不是市场的领导地位起决定作用，而是领导风格；并不是履历中公司的大名增光添彩，而是亲身经历的公司文化。

一位**自信的**应聘者首先不是被一家公司选择，而是**他**在选择公司。他不是乞求者，而是与公司地位相当的合作伙伴。他像已经入职的员工那样总是在反复选择中："这家公司的吸引力足以让我留下吗？或者是应该趁早离开了？"在这种赞同或者反对公司的决定之下，疯狂只有招架之功。

如果我们任其自流！这是因为，当前疯狂公司的游戏还很轻松：商业模式还可以继续如此混乱，领导风格还可以继续世风日下，官僚作风还可以继续让人窒息——因为总是有足够的雇员来这样的公司应聘，并且在入职后推动这种疯狂生意。

当然，疯狂公司也是遵循供求法则的。只要它们那里充斥的工作氛围还可以吸引足够的有能力的应聘者，并且保证有足够的员工继续留在公司，它们就不可能认识到改革的必要性。

　　然而，一旦这种供求关系颠倒，就会发生天壤之别的变化：如果越来越多的高资历员工对疯狂公司避而远之，如果那里出现了人员短缺，而高端人才都跳槽到尊重价值、不存在疯狂的竞争对手那里，又会怎样？

　　这样的事例我在一家中小型企业曾经经历过。那时，这一家机械制造商还算成功，在更换了企业领导之后，员工跳槽的比例疯狂增加，差不多每个月都有一位资深的工程师离职，原因只有一个：公司领导对权力抱有无限幻想，不仅把所有重要的工作都揽在身上，并且对其他专家指手画脚，两位领导助理也只会助纣为虐。

　　人才市场的后续补充一开始还算顺利，但是一段时间以后，应聘者的数字飞快下滑，应聘者的素质也急转直下，原因很明显：从疯狂公司离职的员工在这个很小的行业里，到处述说着这家公司存在着怎样的疯狂。从此，再也没有高资历的专家愿意涉足这个地狱。

　　每一个没有立即被占据的职位，都会导致工作质量的下降，客户变得不满意，最终订单也越来越少。最后，公司老板不得不紧急刹车。公司经理必须离开，他的两个忠实的领导层幕僚也一样走人。新的领导走马上任，建立起现代的企业文化，几年后甚至重新赢回了以前的老员工。

　　在这个事例中，员工们成功地驱逐了疯狂。我们不妨来打个赌，这个原则在其他地方也一样行得通。如果公司招聘不到足够的劳动力或者留不住足够的员工，那么公司还能做什么？它们一定会反思："怎样才能吸引高水平的员工？我们必须提供什么样的发展机会，采用什么样的共同决策体制，拥有什么样的企业文化，才能赢得他们？"

　　这样一种状况会是全新的：不是员工要适应公司的需求，而是公司要适应员工的需求——一种管理先驱彼得·F. 德鲁克早已预见的发展倾向（见第 140 页）。他同时预言，在未来数十年中，这种趋势将会进一步加速，因为劳动力将会发生短缺，越来越少的年轻人跟上来，而退休的老人越来越多。

如果离职的员工都给他们的公司一个**真实的**反馈，那么这样的抗议将会更有影响力。那些辞职的员工拿到证书以后，在无所畏惧的时候，都应该告诉他的雇主，他为什么离开。

在此，拥有一个建设性的语调很重要。您不要说，有什么影响到您——而是转化成愿望。例如之前提到的机械制造公司的离职者可以说："我希望有一种企业文化，它更尊重我的专业知识。我会很看重它，如果更多地是从客观的角度出发来制定决策，而不是根据等级制度。"

我可以向您保证，如果很多骨干员工都因为类似的原因离职，那么再固执的疯狂公司领导也会陷入思考，因为他们意识到生意上的危险。

当今的企业和工业化时期的工厂有着本质的区别，那时的员工像机器部件一样可以随意调换，每一位双手健全的员工都可以完成流水线上的工作，应聘者在工厂前排出长龙，理论上甚至可以一夜间换下所有的员工，而且在几天后，生产又可以和之前一样达到相同的水准。

但是，如果今天的世界级大集团在一夜间换下所有的员工——研究人员和开发人员，市场决策者和销售专家，人事专家和领导人员，它还会剩下什么？除了一些建筑和不合格的生产力之外，它将一无所有。它将成为一个没有经营能力的企业。这个世界级大集团将从地面上消失。

科学时代下，工作的重要部分都在一个老板们无法进入的地方完成：您的大脑。几乎所有的雇员都是专家，比他们的上级更好地掌握自己的专业领域。公司离不开您，通过您才可以得到宝贵的知识。

员工中只有那些意识到这种新力量，不盲目顺从公司的要求，而是自己提出要求，并且相应地选择公司的人，才可以摆脱疯狂。这样行动的员工越多，就越有可能走向革命。在这场革命胜利后，所有令人无法忍受的疯狂公司都会要灭亡。

现在您可能会提醒说："如今大多数人只要能找到一份工作就谢天谢地了。谁又能挑剔得起雇主呢？"对于这样的论据，我有三方面理由反对：

首先，只有受虐狂才会自愿走在疯狂的刀尖上，因为那样付出的代价实在太高："那样的行为牺牲了自我价值和健康，最终往往也失去了为之放弃所有尊严的工作岗位（因为众所周知，疯狂公司都是踩着别人的尸骨上位的！）"

第二，雇主——即使排除疯狂公司——的数目很大，可以给您提供难以想象的众多可能性：德国有330万中小企业，70%的员工在那里工作。[66] 大多数求职者只选择了其中极少数的几个——它们通常都是流行的疯狂公司。

第三，我从事职业咨询多年的经验证明，如果应聘者不去疯狂公司，而是去与自己的文化和价值相当的公司应聘，那么求职成功的比率会直线上升。他们为应付疯狂公司扭曲了自己的实际情况，所以也写不出具有说服力的求职信。相反，在非疯狂公司，求职者则可以尽情展示自己的强处——自信且受欢迎的表现，这是他们获得工作的绿灯。

我向您保证，如果您避开疯狂公司，跳槽一定不会使您感到困难，而是更轻松。而且正是因为您在应聘时展示了自己真实的价值和企业文化，您精心挑选的公司将会被您轻松说服：那儿的文化适合您，而您也适合那儿的文化。通过这种方式，相互寻觅的有情人最终找到了彼此——而不是和不相适应的人勉强捆在一起。

摆脱这些疯狂吧。投向新的堤岸。如果您到达了疯狂对岸的公司，请告知您的老同事，其他人一定会追随您的足迹。有一天您的老东家的墓碑上会写着：

这里长眠着疯狂公司

你苟活于世，

如果我们还愿意，

容忍你。

你不得不死去，
当我们如此勇敢，
离开你。

一家没有病人的疯狂公司，
只是一座空荡荡的建筑物，
不再是公司。

长眠吧！

　　　　　　　　　　　　你的雇员们！

参考文献

Bennis, Warren, *Menschen führen ist wie Flöhe hüten*. Campus, 1998

Bolles, Richard Nelson, *Durchstarten zum Traumjob*. Campus, 2002

Boyett, Joseph H. u. a., *Management Guide*. Econ, 1999

Dahrendorf, Ralf, *Der moderne soziale Konflikt*. dtv, 1994

Dehner, Ulrich, *Die alltäglichen Spielchen im Büro*. Piper, 2003

Drucker, Peter F., *Umbruch im Management*. Econ, 1996

Drucker, Peter F., *Die fünf entscheidenden Fragen des Managements*. Wiley, 2009

Faltin, Günter, *Kopf schlägt Kapital*. Hanser, 2010

Gladwell, Malcolm, *BLINK!*. Campus, 2005

Goleman, Daniel u. a., *Emotionale Führung*. Econ, 2002

Handy, Charles, *Die Fortschrittsfalle*. Gabler, 1994

Hesse, Jürgen u. a., *Die Neurosen der Chefs*. Piper, 1999

Hoover, John, *Chefs und andere Idioten*. Redline, 2007

Hugo-Becker, Annegret u. a., *Psychologisches Konfliktmanagement*. dtv, 1996

Johnson, Spencer, *Die Mäusestrategie für Manager*. Ariston, 2008

Kellner, Hedwig, *Die Teamlüge*. Eichborn, 1997

Kitz, Volker u.a., *Das Frustjobkillerbuch*. Campus, 2008

Knoblauch, Jörg, *Die Personalfalle*. Campus, 2010

Lay, Rupert, *Führen durch das Wort*. Ullstein, 1996

Leymann, Heinz, *Mobbing*. Rowohlt, 2002

Peter, Laurence J. u. a., *Das Peter-Prinzip*. Rowohlt, 2001

Malik, Fredmund, *Führen, leisten, leben*. Heyne, 2001

Neuberger, Oswald, *Führen und führen lassen*. UTB, 2002

Noelle-Neumann, Elisabeth u. a.: *Macht Arbeit krank? Macht Arbeit glücklich?*. Piper, 1985

Pascale, Richard Tanner, *Managen auf Messers Schneide*. Haufe, 1991

Prantl, Heribert, *Kein schöner Land*. Droemer, 2005

Reinker, Susanne, *Rache am Chef*. Econ, 2007

Schuler, Heinz, *Assessment Center zur Potenzialanalyse*. Hogrefe, 2007

Schur, Wolfgang u.a., *Wahnsinnskarriere*. Heyne, 2001

Senge, Peter M., *Die fünfte Disziplin*. Klett-Cotta, 2001

Sprenger, Reinhard K., *Mythos Motivation*. Campus, 1999

Sprenger, Reinhard K., *Vertrauen führt*. Campus, 2007

Sutton, Robert, *Stellen Sie Leute ein, die Sie eigentlich nicht brauchen*. Piper, 2002

Sutton, Robert, *Der Arschloch-Faktor*. Heyne, 2008

Thomann, Christoph u. a., *Klärungshilfe*. Rowohlt, 1988

Wallraff, Günter, *Aus der schönen neuen Welt*. Kiepenheuer & Witsch, 2009

Watzlawick, Paul, *Wie wirklich ist die Wirklichkeit*. Piper, 2010

Wehrle, Martin, *Geheime Tricks für mehr Gehalt*. Econ, 2003

Wehrle, Martin, *Die Geheimnisse der Chefs*. Hoffmann und Campe, 2004

Wehrle, Martin, *Der Feind in meinem Büro*. Econ, 2005

Wehrle, Martin, *Karriereberatung*. Beltz, 2007

Wehrle, Martin, *Lexikon der Karriere-Irrtümer*. Econ, 2009

Wehrle, Martin, *Das Chefhasser-Buch*. Knaur, 2009

Wehrle, Martin, *Am liebsten hasse ich Kollegen*. Knaur, 2010

Wehrle, Martin, *Die 100 besten Coaching-Übungen*. Verlag managerSeminare, 2010

Weinberger, Katharina, *Die Kopfzahl-Paranoia*. dtv, 2009

Welch, Jack u. a., *Winning*. Campus, 2005

资料来源

1 Wehrle, Martin, *Der Feind in meinem Büro*. Econ, 2005

2 ftd.de, Arbeit kränkt die Psyche, 24. 03. 2010

3 Kellner, Hedwig, *Die Teamlüge*. Eichborn, 1997

4 Faltin, Günter, *Kopf schlägt Kapital*. Hanser, 2010

5 mdr.de, Erich Honecker – der Jäger, 04. 01. 2010

6 Goleman, Daniel; Boyatzis, Richard; McKee, Annie, *Emotionale Führung*. Econ, 2002

7 Der Spiegel, 15/2010

8 Institut für Mittelstandsforschung, Bonn. Auf dem Weg in die Chefetage. Betriebliche Entscheidungsprozesse bei der Besetzung von Führungspositionen, 2007

9 Knoblauch, Jörg, *Die Personalfalle*. Campus, 2010

10 ddiworld.de, Durchgefallen: Personalauswahl auf dem Prüfstand, 04. 03. 2009

11 focus.de, Personalauswahl nach Gutsherrenart, 14. 02. 2007

12 Sutton, Robert, *Stellen Sie Leute ein, die Sie eigentlich nicht brauchen*. Piper, 2002

13 Schuler, Heinz, *Assessment Center zur Potenzialanalyse*. Hogrefe-Verlag, 2007

14 manager-magazin.de, Viele verdienen den Namen nicht, 27. 8. 2008

15 Spiegel-Online, Telekom ließ Kundenbeschwerden absichtlich liegen, 06. 02. 2008

16 focus.de, Katastrophaler Service der Internetprovider, 24. 05. 2007

17 Malik, Fredmund, *Führen, leisten, leben*. Heyne, 2005

18 Simplify organisiert, Fast jedes 3. Meeting ist zu lang oder unproduktiv,

3/2006

19   sueddeutsche.de,Verlassen von allen guten Meistern, 15.02.2010

20   focus.de, Kassierten Mitwisser Schweigegeld, 02. 04. 2008

21   Nestler, Claudia; Salvenmoser, Steffen (PricewaterhouseCoopers); Bussmann, Kai-D. (Universität Halle-Wittenberg), *Compliance und Unternehmenskultur*, 2010

22   Boyett, Joseph H. und Jimmie T., *Management Guide*. Econ, 1999

23   ebenda

24   business-on.de. Viele ›Hidden Champions‹ in Süddeutschland, 21. 04. 2009

25   s. Wehrle, 2005

26   www.bildungsspiegel.de, Studie: Betriebliche Weiterbildung macht Unternehmen innovativ, 17. 03. 2010

27   Spiegel-Online,Wie Arbeitgeber Gehälter schleifen, 23.12.2009

28   sueddeutsche.de, Ein bisschen Frieden, 26. 05. 2010

29   Spiegel-Online, Ministerien verdoppeln Zahl der Aushilfskräfte, 16. 02. 2010

30   www3.ndr.de, Rüttgers: Machtlos gegen Maulwürfe?, 05. 05. 2010

31   wiwo.de, Quartalszahlen-Unsinn mit Methode, 24. 04. 2010

32   Wehrle, Martin, *Lexikon der Karriere-Irrtümer*. Econ, 2009

33   ebenda

34   focus.de, Chronik einer Auto-Ehe, 14. 03. 2007

35   sueddeutsche.de, Hochzeiten ohne Liebe, 04. 04. 2007

36   ebenda

37   Pascale, Richard Tanner, *Managen auf Messers Schneide*. Haufe Verlag, 1991

38   innovations-report.de, Studie zu Restrukturierung in Deutschland, 22. 01. 2007

39 tagesspiegel.de, Pleitewelle im Mittelstand kostet 700 000 Jobs, 08. 10. 2009

40 Spiegel-Online, Dax-Konzerne schütten dicke Dividenden aus, 30. 04. 2009

41 wiwo.de, Schlüsselpersonen halten, 22. 09. 2009

42 ftd.de, Resignation greift im Arbeitsleben um sich, 01. 04. 2010

43 Informationsdienst Wissenschaft, 18. 07. 2007

44 uni-protokolle.de, Warum sollten Frauen nicht erste Wahl sein, 28. 12. 2006

45 stern.de, Deutschlands Top-Erben, 15. 08. 2003

46 The Times, 22. 04. 2005

47 workingoffice.de, Loyal, kommunikativ, mehrsprachig und fit am PC, 08. 12. 2008

48 Johnson, Spencer, *Die Mäusestrategie für Manager*. Ariston, 2008

49 manager-magazin.de, Die Deutschen und der Tunnelblick, 23. 02. 2007

50 Psychologie heute, 7/2008

51 Drucker, Peter F., *Umbruch im Management*. Econ, 1996

52 Welch, Jack und Suzy, *Winning*. Campus, 2005

53 Wehrle, Martin, *Das Chefhasser-Buch*. Knaur, 2009

54 s. Malik, 2005

55 welt.de, Wie kranke Mitarbeiter die Firmen schädigen, 19. 11. 2007

56 welt.de, Arbeitnehmer melden sich wieder häufiger krank, 26. 04. 2010

57 s. welt.de, 19. 11. 2007

58 Watzlawick, Paul, *Wie wirklich ist die Wirklichkeit*. Piper, 2010

59 Spiegel-Online, Die Monster AG, 18. 06. 2004

60 Kitz,Volker; Tusch, Manuel, *Das Frustjobkillerbuch*. Campus, 2008

61 Gladwell, Malcolm, *BLINK!*. Campus, 2005

62 s. Wehrle, 2005

63 BGB, § 670

64 Prantl, Heribert, *Kein schöner Land*. Droemer, 2005

65 Wehrle, Martin, *Geheime Tricks für mehr Gehalt*. Econ, 2009

66 www.bundestag.de, Die Bedeutung von KMU für die nationale und internationale Wirtschaftstätigkeit

刘伟见：公司引起的内心纠结中学会价值考量，决定去留

导语：2012年6月2日下午3点，中国致公出版社社长兼总编辑刘伟见，在银川书博会现场做客大佳网"大佳面对面"，畅谈中国致公出版社引进《世界疯了》的来龙去脉，并分享了他从国学的角度对管理的心得体会。

以下为访谈实录。

主持人：各位网友，现场的各位观众，大家好，这里是"大佳面对面"，今天我们所在的地方是银川书博会的现场。我是主持人晓琪，今天我们采访的嘉宾是中国致公出版社社长兼总编辑刘伟见先生，刘社长您好。

刘伟见：大家好。

主持人：今天刘社长给我们带来了一本书，就是我手里的这本《世界疯了》，这个书名很有意思，我们首先请刘社长解释一下：为什么叫《世界疯了》？

刘伟见：这是一本主要探讨公司的非正常状态的书，这本书的原文叫做《我在疯人院工作》。我们的编辑告诉我据《明镜》周刊这是在德国图书畅销榜上持续半年以上的一本书。我一听这个名字，就觉得特别有意思，因为我觉得目前我们很多人的工作状态都是在公司上班。这些公司、企业或者政府部门都有一个组织体系，组织体系内部

有很多非正常的状态，比如有的是员工的、管理者的或者老板的，如何看待分析，对我们一般的读者会有一些特别好的启发和借鉴。

主持人：我知道这本书是一本引进书，德国人写的，那能给我们介绍一下为什么要引进它的版权呢？过程是怎么样的？

刘伟见：整个过程，我们大概从联系版权到敲定好版权签约只用了两个礼拜的时间，因为我们觉得这本书讨论的问题对中国企业和管理带有警示性，首先是一本好书，它还具备畅销书的潜质。

主持人：这本书的内容的确很有意思，写法和我们以前接触的都不太一样，请您具体介绍一下这本书的内容。

刘伟见：这本书的内容就像我们书名和副标题描述的，看透和超越单位"潜规则"。这本书实际上描述了一般的单位、企业内部的种种疯狂的状态。为什么叫作疯狂呢，比如公司在成立的时候会埋下一些疯狂的因素，公司处在疯狂的老板的决策体制下管理运作；也有很多公司又有所谓的潜规则。如果新员工到了这个公司以后，对这个公司文化没有深度的了解，不知道哪儿是个坑，然后就掉下去了。这实际上就是对整个公司的非正常的各种现象的批判和全新的解构，同时又给了一些很好的借鉴。一般的企业可以借鉴这本书，发现自己运作过程当中的非正常状态以及管理当中存在的各种各样的误区。现在的人都在单位当中，这个职业值得不值得你做，值得不值得你留下来，你跟这个企业到底是什么样的关系？很多人有这样的恐惧，到底在这个单位值得不值得待下去，大家都有这样的疑问。这本书后面有一个特别有意思的测量性的东西，通过给公司的各种表现（包括老板和战略规划）、各种各样的方面进行深入打分的测评体系，你会突然发现这个单位值得待下去，可以在这里干很长时间，甚至为这个企业工作一辈子；当你测试完以后也会发现这个单位不值得你待，这是一个没前途的单位。这个书里面提供了很多测评的工具和方式，我觉得非常有意义。

主持人： 这本书是根据德国的案例得出的一些结论，那么您又起名叫《世界疯了》，您觉得公司和职场的疯狂是遍及了全球，那么我想问一下在中国的公司这种情况普遍吗？

刘伟见： 非常普遍，而且有过之而无不及，因为我们中国的公司、企业成分非常复杂，有纯粹的国有企业、外资企业，还有集体型的企业，还有私营企业，我们都在不同的企业状态里面，所以你会发现这种不同的职场的经验以及各种各样问题的存在。其实我们人跟工作的关系，在某一个层次上是我们现代生活的一个非常大的区域、方面。为什么这么说呢，你工作不快乐，直接影响到你生活的品质。这本书拿来之后我深入地读了一下，从头到尾，我觉得在中国的很多企业里面，像德国的企业一样，有大量相同的弊病，各种各样奇形怪状的东西，我觉得中国的企业不仅同样存在这方面的问题，甚至更复杂。

主持人： 您觉得这本书给中国的普通的读者、求职者、职场人、管理者都有哪样的启示呢？

刘伟见： 这本书提供了一个分析的工具，比如对我们的新员工来说，如果你到一个新的企业里面去，刚刚开始你新的工作，这本书能够给你提供帮助。特别是刚刚毕业的大学生，他到新单位，通过阅读这本书知道单位的复杂性。任何一个组织结构，无论是在中国还是外国，都是一群人组成的，大家在一起工作，由于我们的学历、教育背景甚至情感、过去的经验，有着各种各样的差异性，必然会引起人际的纷争、矛盾，工作当中会形成很多的挫折。新员工读这本书可以了解公司的复杂性，为未来应对各种公司挑战树立信心；老员工读这本书可以鉴定一下这个单位值得不值得待下去，对身居管理岗位者来讲，我觉得这里面的测试非常实用，可以借之诊断一个单位是否在良性的轨道上，提升管理水平。

主持人：给我们中国致公出版社，特别是刘社长您带来了什么样的启示呢？

刘伟见：作为一个管理者来讲，你自我感觉良好，企业运行在很良好的状态时，有一些问题是看不见的、隐藏的，比如说书里面举了两个特别有意思的例子：前东德的主席喜欢打猎，他是神枪手，百发百中，大家都认为他是非常有名的射手，非常的英武，是一个英雄人物，实际上这是众多部下提前将大量的禽兽集中放在一个地方，好让他加大命中率，是一种假象。在公司、企业里面也是这样。作为一个管理者，我们古人有一句话，一叶障目不见泰山，两耳塞豆不闻雷霆。一个叶子放在你眼前，你的眼睛被挡住了，你看不见；两个豆子放在你耳朵里面，你就听不见。从最高的管理者到中层管理再到普通的员工之间有一个信息沟通的问题，实际上一群人在一起工作的时候有很多的潜规则在其中。通过读这本书，我也看到了过去在我的管理当中存在的误区和盲点。

主持人：刘社长选这本书应该说眼光非常独到，而且今天我们摆了很多本都是管理类、职场类的书，我想问一下，致公出版社确定这些图书的标准是什么？

刘伟见：我觉得在这类出版物上，首先遴选的标准是市场上没有同类的书，这个点一定是能够呼应中国的读者，或者根据当下中国的整个形势来呼应他们的阅读需求点，像摆在桌上的书是《管理管理者：为什么管理是可以抛弃的》，这是欧洲管理学院的院长施密茨出的书，他讲的是企业管理技术，跟《世界疯了》有姊妹篇的意思，也是强调一种在管理的过程中有很多需要认清的管理的误区。我们过去所谓的管理，因为时代已经变，过去是老板对员工有一个权威，我命令你怎么做你就怎么做，而现在由于大家的教育层次差不多，掌握的信息、各个方面的情况都差不多，如何让下面的人跟你奋斗，一起做事情，这里面有很多的规矩、规则和管理的智慧在里面。《管理管理者》的作者施密茨博士来中国，一个很偶然的机会，他跟我有一个传统文化和管理技术交流之间的学术对话，对话行进的过程中，我们俩出去茶歇，我问他这本书在中国出版没有，他说有这么一个书稿，还没有出版，后来我们双方就这个稿子反复磋商、补充、深化、系统化，就形成了这本《管理管理者》，现在这本书的销售状况很好，上架一个月，一万册售罄。

主持人：我觉得大家的需求还是很强烈的。

刘伟见：因为单位的文化、企业的文化、组织机构的文化直接影响到员工、具体参与者的生活质量，甚至更深切地说，影响到他的生命质量。王小波有一句话，如果工作和生活不能快乐地结合起来，这是一种灾难。我们在生活当中如何快乐，最高的管理者、中层的管理者，包括普通的员工如何寻找到身心的和谐之道，这是至关重要的。

主持人：我知道您还是资深的管理学家，是欧洲管理技术教练学院的访问教授和北大传统艺术文化研究所的研究员，应该说在您身上集中了管理学和国学的两方面的知识，您经常去给大家讲课，从我们国学的角度来谈管理，今天请给我们讲讲中国的传统文化对管理有哪些好的作用和负面的影响呢？

刘伟见：这是一个非常大的话题，实际上现在国学很热，很多人都在学国学，从民国时期在学校里面废除读经以后，我们在学校里面成长起来的人对传统文化不是很清楚，了解的也不多，我们的文化有一个中断。在当今中国，很多的问题都有着传统的根源，所以对于传统文化里面对今天的管理到底有哪些借鉴的作用，这个是很大的话题，从负面的角度来讲，实际上传统的包括儒家、佛家、道家有很多管理的思路和理论，我们今人不知道好在哪。你比如说孔子讲的管理者要恭宽信敏惠，什么叫恭？恭则不侮，我们对员工也是这样，上级也是这样，你要有一个恭敬的心，这样不会遭致互相不尊重的情形发生。宽则得众，你要有一个宽容的心，要允许部下犯错，你信任他，他就愿意给你干。信则民任焉，如果取得部下的信任，部下就会信任他而且听从他。敏则有功，惠则足以使人。什么意思呢？如果管理者能敏捷，不拖沓，则会有业绩产生。惠就是恩惠的意思，你不能一味地让人干活，让马儿跑，又让马儿不吃草，你一定要给他一定的好处。这样的观点在儒家的思想里面比较多。上次有一个杂志对我采访，就讲了中国的传统文化跟现代管理的对接，可以体现在哪一些方面，我举了十个方面的层次，但是现在因为时间的关系不适合完全展开，我举一个例子。

例如舜，史称舜"闻一善，如掘江河"，舜听说好的东西就好像江河打开一个口，一泻千里。他主张怎么跟人相处呢？他说善与人同，以善养人，与之相对的是以善服人，以善养人可以服天下，以善服人不足以服妻子，什么意思呢？这个话的意思就是说当你跟你周围的人相处的时候，尤其是与部下相处的时候，你要以善服他。你看我有多厉害，我身居高位，你应该佩服我，我们叫做管理中的强制的崇拜，认为把外在标签化的东西做得很多，你们就应该崇拜我，这个叫以善服人。孟子说舜这个人用的是以善养人，你跟人相处的过程中发现他有这个优点，你把这个优点像火苗一样拔高，燃开，自我成就，各得其所，这是我们中国文化里面非常精妙的一点。自我成就，各得其所，自己找到自己的道路，这是真正的成就人的方式，以善服人可以得天下，你可以不断地扩大你的事业。明朝有一个叫刘宗周的哲学家，他说，你看万物，如果有杀机的话，你就会造成外在的混乱；如果你看万物，怀着一个点燃他的生命，促使不同气质的人各自成就的话，这将是何等的气象，可以与万物并行而不悖，这就是很多儒家的管理思想在现代有很多借鉴的原因。很多人读《孟子》，觉得那个时候很落后，甚至是孤陋，实际上孟子的书里面有非常多的符合现代管理之道的东西，他谈的恰恰是管理的王道，怎么真正达到长久的管理，所以这个传统的思想里面有很多正面的作用，但是需要梳理来顺应现代的社会。

主持人：您的思想在管理中国致公出版社的时候有哪些实践呢？

刘伟见：这是一个不太好回答的问题，我想每个人都在路上，作为一个管理者，自我的成长也是这样的。我觉得一个人要善于学习，一是要向天地自然学习，二是要向往圣古贤学习，三是要向实践学习，四是要向身边每一个人学习。每天太阳的东升西落都带来我们新的开始和实践。比如我们来到银川，作为做文化的出版人，就是一个很好的文化采风的机会。昨晚我了解阅读了元昊的故事，感觉到很多古代这样的人，外面建功很厉害，但是最后死在生活的日常伦理当中。元昊外面浩浩雄武，却死在与儿子争女人的家事中。读史而感慨，我昨天晚上写了一首七律："千里月随塞北亲，湖山把酒长风吟。 昊王功烈足时雄，古夏情多失素心。 教化煌煌推四海，风流隐隐到如今。 检点公私无界处，丈夫大业在胸襟。"这里面谈到的就是中国文化中人如何进行内外欲望管理的问题。我举这个例子什么意思呢？实际上无论是古代的帝王，还是我们今天的管理者，还是我们一般的企业集团的老总，在自己工作的范围内，实际上每天都在接受挑战。接受挑战就要善于学习，回归平常。其实你身边的每个人都是你的老师，你都可以向他学习，孔子讲的为仁有方，能近取譬，即特别要从身边的人与事开始规范做事情的规矩。每个人你发现他长处的时候，他都可以成为你的一道桥梁，可是你看不上他的时候，每个人都是你的墙壁啊，你是无法跨越的。哪怕有一个非常微小职位的人都会成为你的一种障碍。从我个人的感觉，作为管理者的思路，无论是阅读这本书还是我们自身管理行进的过程，管理本身永远都在学习。

主持人：我们再回到这本书，您刚才一直提到这本书给您带来的启示，您觉得这里面最重要的章节和最大的价值在哪呢？

刘伟见：我先谈最大的价值，这个书最大的价值我觉得真是提供了一个我们在一个单位，人在职业的选择里面首先有几个层次的问题，首先这个单位值得不值得待，符合不符合你的长远发展。我们古人说良禽择木而栖、贤臣择主而侍，这本书里面提到了自我的价值观跟公司的价值观有一个分析工具在其中，当你自我的价值观跟企业的价值观有很大的交集的时候，你就很值得在这里面待，当你发现自我的价值观跟企业的价值观完全背道而驰的时候，这个地方就不值得你待，这是一个价值观的选择问题。第二，看这个企业的发展，它是不是有前途的发展的职业，比如刚毕业的大学生到一个公司，这个单位专门是通过电话回扣营销，他觉得很不舒服，他觉得这是没有前景的职业。所以要有价值观，同时这个职业要有前景，这个书最大的价值点就是提供给我们一个分析的工具。很多人觉得我要离开这个地方，我下一个工作找不到怎么办。也许很多的问题出在自己身上，是自身的问题，不是单位的问题等等。其实上帝的归上帝，凯撒的归凯撒，首先你要看清楚自己身上有没有问题，如果自己身上确实没有问题，你再看这个公司存在不存在问题，通过这个分析工具分析一下，这个单位值得不值得我待下去，认知好这个，果断地走，及时地走，因为这个地方去和留往往是一个人在职业的转折过程中很大的困惑，别说是我们普通人，包括一般的所谓精英，其职业的经历过程中在不同的系统、不同的岗位，走的问题都是很大的问题，我们要思考未来的人生的走向、价值伦理，包括职业规划里面到底要做什么，所以这本书里面提供了一些有价值的分析工具，告诉我们，通过这个方式去操作的时候，我们会远离恐惧，因为很多东西是看不到的，是你自己给自己加的心理的灾难，可能未来不会那么可怕，没有那么可怕，你想象得可怕了，所以这里面提到的公司里面有很多人，有的公司企业文化里面会把新员工变成跟十几年的老员工一样，暮气沉沉，这是一个企业文化的弊病。

主持人：他把价值观作为衡量他是否招聘新人的标准了？

刘伟见：对，书里面谈到，有的有海外留学背景的公司的老板，应聘的时候在对象的简历里面会考量一些海外的因素在里面；一些自学成才、白手起家的公司老板很讨厌有学历的人，所以这个公司里面总是近亲繁殖，招聘那些跟老板兴趣喜好相同的人。有一些人进来以后，公司会把这些人变成和自己一样的人，所以你在公司里面，公司看似小，你在这个单位久了，如果这个单位不是很有前景的单位，你会很快同化成这样的人。有人开玩笑说，跟王子在一起我们也会高贵，跟老鼠在一起，两个礼拜之后，你见老鼠也很可爱，这是很正常的现象。

主持人：我知道了，如果我们在座的各位想去致公出版社，首先要懂管理，其次要懂国学，如果两个都不懂，赶紧跟刘社长学几年，两者就都懂了。

我知道刘社长还是非常资深的出版人，刘社长有一个非常显赫的耀眼的经历，二十八九岁的时候就做了出版社的社长，到现在为止，您对出版业的深耕细作，我们都是非常仰慕的，对您来说，现在我们整个出版业的前景怎么样，您又是如何看待数字出版下的纸质出版物的呢？

刘伟见：因为是做文化的，尽管我做了近10年的出版社社长，但是仍然是一个新人。至于面对电子出版的挑战，未来纸质出版的前景在哪里，我觉得应该有这样的一个认识的转换：首先我们出版社是做文化的，做创意的，纸质出版、电子出版、数字出版都好，包括我们过去竹帛、竹简都是出版的载体，出版最核心、最有价值的是文化的价值和创意，一定要解决我们人生学习、工作、生活当中的困惑和问题，或者我们职业当中的困惑和问题，这种深层次的文化上的问题，是真正有价值的。我觉得我们现在很大的争论是说纸质出版没有前途了，我不这么看，作为一个出版人来说，自身要成为一个文化人，你对文化的修炼与学习没有终止，社会对文化的需求与学习也不会消亡。现在中国当今的文化发展，大量的文化是一种拼凑的文化，是一种垃圾文化，是一种空心文化，是一种邯郸学步的文化，邯郸学步没有主体，空心文化，灵魂不在场。比如我们现在很多人学弹琴、画画，包括各种艺术，以唱歌为例，你会欣赏的话，一听这个人唱歌就知道是不是他跟这首歌的情景合二为一，合二为一的时候他的灵魂是在场的，他的表情是鲜活的。文化也是如此。现在我们有一种误读，觉得高高在上的是文化，那是错误的。文化一定是有对象的，阳春白雪下里巴人，都各有其道，各有自己的文化，从这个角度来讲，我们做出版是呼应各种不同的文化形式，发现在民众的社会需求过程中需要哪些文化的形式，然后我们去发掘和介入，以思想的方式形成载体去推广和传播。数字出版推广的载体对传统的出版社来说，只能更丰富，即在加强创意的同时也要加入一些现代的新元素、新状况、新技术，不能排斥，做文化还是非常有前景的职业。

主持人：由于时间的关系，这场访谈就到这里，感谢刘社长做客，谢谢。

（访谈内容来自大佳网）